RUDOLF STEINER TASCHENBÜCHER
AUS DEM GESAMTWERK

RUDOLF STEINER

Die Welt der Sinne und die Welt des Geistes

Sechs Vorträge, gehalten in Hannover
vom 27. Dezember 1911 bis 1. Januar 1912

RUDOLF STEINER VERLAG

Nach vom Vortragenden selbst nicht durchgesehenen Nachschriften
herausgegeben von der Rudolf Steiner Nachlassverwaltung

Ungekürzte Ausgabe nach dem gleichnamigen Band der
Rudolf Steiner Gesamtausgabe, Bibliographie-Nr. 134,
herausgegeben von Hans Erhard Lauer,
6. Auflage, Dornach 2008

Taschenbuchausgabe
1. Auflage 2015

Umschlaggestaltung: Finken & Bumiller, Stuttgart
Printed in Germany by Druckhaus Nomos, Sinzheim
ISBN 978-3-7274-7660-0

www.steinerverlag.com

Zu den Veröffentlichungen aus dem Vortragswerk von Rudolf Steiner

Rudolf Steiner hat seine Vorträge stets frei, also ohne Manuskript, gehalten. Viele seiner Vorüberlegungen hielt er lediglich in Stichworten, manchmal auch in kurzen Sätzen, Schemata oder Skizzen in seinen Notizbüchern fest, ohne daß er sie weiter schriftlich ausgearbeitet hätte. Nur in ganz wenigen Fällen liegen vorbereitete schriftliche Zusammenfassungen vor, die für Übersetzer bestimmt waren. Er hat jedoch der Veröffentlichung seiner Vorträge zugestimmt, auch wenn er selbst nur einige wenige für den Druck vorbereiten konnte.

Die in der Rudolf Steiner Gesamtausgabe veröffentlichten Vorträge basieren in der Regel auf Übertragungen stenographischer Aufzeichnungen, die während des Vortrags von Zuhörern oder hinzugezogenen Fachstenographen angefertigt wurden. Verschiedentlich – und dies gilt für die Anfangsjahre seiner Vortragstätigkeit, etwa bis 1905 – dienen auch schriftliche Ausarbeitungen durch Zuhörer als Textgrundlage. Für die Drucklegung werden die Übertragungen in Langschrift oder Zuhörernotizen von den Bearbeitern (Herausgebern) einer eingehenden Prüfung unterzogen, insbesondere hinsichtlich Sinn, Satzbau und Genauigkeit der Wiedergabe von Zitaten, Eigennamen oder Fachbegriffen. Bei auftretenden Komplikationen, wie zum Beispiel nicht entschlüsselbaren Satz- und Wortgebilden oder Lücken im Text, werden, soweit vorhanden, die Originalstenogramme zur Abklärung hinzugezogen.

Weitere Angaben, die Besonderheiten der Textgrundlagen, der Bearbeitung sowie die Entstehungsgeschichte der im vorliegenden Band veröffentlichten Vorträge betreffend, befinden sich am Schluß des Bandes.

Die Herausgeber

INHALT

ERSTER VORTRAG

Hannover, 27. Dezember 1911

Es soll in diesem Zyklus von Vorträgen meine Aufgabe sein, eine Verbindungsbrücke zu schlagen zwischen verhältnismäßig alltäglichen Dingen, zwischen Erfahrungen, die dem Menschen im gewöhnlichen Leben begegnen können, und den höchsten Angelegenheiten der Menschheit. Und damit soll sich uns wiederum einer der Wege eröffnen vom Leben des Alltags zu dem, was uns für Seele und Geist Anthroposophie oder Geisteswissenschaft sein kann. Wir wissen, daß Anthroposophie, indem wir uns immer mehr und mehr in das vertiefen, was sie uns geben kann, einfließt in unser Empfinden, einfließt in unser Wollen, einfließt in diejenigen Kräfte, die wir brauchen, um uns den mannigfaltigsten Ereignissen des Lebens gewachsen zu zeigen. Und wir wissen ferner, daß so, wie wir jetzt Anthroposophie erfahren können durch die Einflüsse, die aus den höheren Welten gerade in dieser Zeit zu uns kommen, diese Anthroposophie für die gegenwärtige Menschheit gewissermaßen eine Notwendigkeit bedeutet. Wir wissen, daß in verhältnismäßig kurzer Zeit das Menschengeschlecht verlieren müßte alle Sicherheit, alle innere Ruhe, allen zum Leben notwendigen Frieden, wenn die Verkündigung, die wir als Anthroposophie bezeichnen, nicht eben zu dieser Menschheit gerade in unserem Zeitalter kommen würde. Und ferner wissen wir, daß eigentlich durch diese anthroposophische Geistesströmung scharf zwei Denk-, Gefühls- und Empfindungsrichtungen der Menschen gleichsam aufeinanderstürmen.

Die eine ist jene Denk- und Empfindungsrichtung, die sich durch viele Jahrhunderte vorbereitet hat und gegenwärtig eigentlich die Menschheit in den weitesten Kreisen überall schon ergriffen hat oder in der nächsten Zeit mit großer Sicherheit ergreifen wird. Es ist die Denk- und Empfindungsrichtung, die wir als die materialistische bezeichnen, als die materialistische im weitesten Umfange. Und sie stürmt sozusagen an gegen jene andere Denkrichtung, welche mit der Anthroposophie selber gegeben ist, gegen die spirituelle Geistesrichtung. Und immer vernehmlicher gegen die nächste Zukunft zu wird der Kampf dieser beiden Richtungen, der beiden Denk- und Empfindungsrichtungen sein. So wird er sein, daß man gar nicht einmal überall wird unterscheiden können, ob man es mit irgendeiner Gedanken- oder Gefühlsrichtung als mit einer ungeschminkten Wahrheit, sagen wir mit einem ungeschminkten Vertreten des Materialismus, zu tun hat, oder ob man es unter allerlei Masken mit der einen oder anderen Denk- oder Gefühlsrichtung zu tun hat. Denn es wird genug materialistische Strömungen geben, welche sich, wenn wir so sagen dürfen, spirituell maskieren werden, und es wird zuweilen schwer zu unterscheiden sein, wo eigentlich der Materialismus steckt und wo die spirituelle Geistesströmung wirklich zu finden ist. Wie schwierig es ist, in dieser Beziehung zurechtzukommen, das versuchte ich in den letzten Zeiten verschiedentlich zu zeigen durch zwei Vorträge, die ich unmittelbar nacheinander hielt, wo ich in dem einen Vortrag eine Empfindung hervorzurufen suchte davon, wie man aus gewissen Gedanken und Ideen, die einen schon einmal in der Gegenwart beherrschen, zu einem ehrlichen und aufrichtigen Gegner der Geisteswissenschaft werden könne. «Wie man Geisteswissenschaft widerlegt», das suchte ich zu zeigen in dem einen Vortrag, dem ich dann folgen ließ einen anderen «Wie man Geisteswissenschaft verteidigt» oder «Wie man Geisteswissenschaft begründet».

Nicht als ob ich etwa geglaubt hätte, alles nach der einen oder der anderen Richtung in diesen Vorträgen vorbringen zu können, sondern nur ein Gefühl wollte ich hervorrufen dafür, daß man in der Tat vieles, außerordentlich vieles vorbringen kann mit einem großen Schein von Recht gegen die geisteswissenschaftliche Weltanschauung, und daß diejenigen, die gar nicht anders können als sozusagen aus ihrer Seele herauspressen die Gegnerschaften, durchaus nicht zu den unwahrhaftigsten Menschen der Gegenwart gehören, sondern oftmals zu den ehrlichsten Ringern nach Wahrheit. Ich will Ihnen durchaus nicht etwa all die Gründe, die angeführt werden können gegen die Geisteswissenschaft, wiederum aufzählen; es soll nur darauf hingewiesen werden, daß es aus den Denkgewohnheiten, aus den Anschauungen unserer Gegenwart heraus solche Gründe gibt, die auf guten Fundamenten gebaut werden können, und daß man schon recht gründlich Geisteswissenschaft widerlegen kann. Nun fragt es sich aber, wenn man also Geisteswissenschaft widerlegt, wenn man alle Gründe anführt, die gegen Geisteswissenschaft vorgebracht werden können: wodurch erreicht man denn gerade die allergründlichste, die allerbegründetste Widerlegung? Sehen Sie, wenn jemand heute aus den Grundvoraussetzungen seines ganzen Seelenwesens zur Geisteswissenschaft sich bekennt und sich dann bekannt macht mit alledem, was im weiten Umfange die Wissenschaften aus ihrer materialistischen Grundidee heute vorbringen können, dann kann er, wenn er nur überhaupt bekannt ist mit der wissenschaftlichen Welt der Gegenwart, gründlich Geisteswissenschaft widerlegen. Aber er muß bei sich selber in seiner Seele zuerst einen gewissen Zustand herstellen, um eine solche Widerlegung gründlich machen zu können. Er muß einen bestimmten Zustand seiner Seele herstellen. Dieser Zustand ist derjenige, daß sich ein solcher Mensch, um sich anzuschicken, Geisteswissenschaft zu widerlegen, auf den bloßen Verstandesstandpunkt, auf den bloßen intellektualistischen Standpunkt stellen muß. Was damit gemeint ist, wird uns gleich eine Betrachtung von der umgekehrten Seite aus zeigen. Halten wir einmal zunächst das fest, was ich wie eine persönliche Erfahrung hingestellt habe. Wenn man die wissenschaftlichen Ergebnisse der Gegenwart kennt und sozusagen sich bloß auf seinen Verstand verläßt, dann kann man Geisteswissenschaft gründlich widerlegen. Halten wir dabei ein wenig still und versuchen wir jetzt, uns von einer ganz anderen Seite her unserer Aufgabe zu nähern.

Sehen Sie, der Mensch kann die Welt eigentlich von zwei Seiten aus anschauen. Die eine Anschauung der Welt, die ergibt sich, wenn der Mensch, sagen wir, einen wunderschönen Sonnenaufgang betrachtet, wo die Sonne aus dem Gold der Morgenröte heraus wie sich selbst gebärend erscheint, dann glanzvoll über die Erde hinzieht, und der Mensch sich dann versenkt in den Gedanken, wie der Sonnenstrahl, wie die Sonnenwärme hervorzaubert aus dem Erdengrund das Leben im alljährlich wiederkehrenden Zyklus. Oder aber es kann sich der Mensch auch der Betrachtung hingeben, wenn die Sonne hinuntergegangen und die Abendröte verglommen ist, wenn nach und nach Finsternis der Nacht eingetreten ist und zahllose Sterne aufglänzen am Himmelsgewölbe; es kann der Mensch sich versenken in die Wunder des nächtlichen Sternenhimmels. Es wird der Mensch, wenn er also betrachtet dasjenige, was Natur ist um ihn herum, zu einer Vorstellung kommen, die, man möchte sagen, ihn mit tiefster Beseligung erfüllen muß. Denn ähnlich einem Goetheschen Grundgedanken kann diese Vorstellung sein. Goethe hat einmal so wunderbar schön gesagt: Ach, wenn wir den Blick hinaufrichten in die Wunder der Sternenwelt und den Gang des Universums mit all seinen Herrlichkeiten betrachten, dann haben wir zuletzt doch die Empfindung, daß dies alles, alles, was uns so herrlich um uns herum im Umkreise des Universums erscheint, erst einen Sinn erhält, wenn es sich spiegelt in einem bewundernden Menschen, in einer Menschenseele. – Ja, der Mensch erhält nämlich den Gedanken, daß so, wie die Luft um ihn herum sein Wesen bildet, in ihn hereindringt, daß er sie atmen kann, daß sie durch den Prozeß, den sie in ihm durchmacht, seine eigene Wesenheit aufbaut, daß geradeso, wie er ein Ergebnis dieser Luft und ihrer Gesetze und ihrer Zusammensetzung ist, er in einer gewissen Weise ein Ergebnis ist auch der übrigen weiten Welt, die ihn umgibt mit alledem, was in unsere Sinne hereinfließt, nicht nur in den Sinn des Gesichtes, sondern auch in den Sinn, der aufnimmt die Klangeswelt und die anderen Welten, die durch unsere Sinne einströmen. Daß der Mensch dasteht gegenüber dieser äußeren Sinneswelt wie das zusammengeflossene Ergebnis dieser Sinneswelt, so dasteht, daß er sich sagen kann: Wenn ich alles das, was da draußen ist, mir näher ansehe, mir überdenke, wenn ich es wahrnehme mit all meinen Sinnen, dann sehe ich den Sinn von alledem, was ich da überschaue, am besten dadurch erfüllt, daß zuletzt aus alledem sich herauskristallisiert hat das Wundergebilde des Menschen selber.

Und wahr ist es, daß den Menschen dann das Gefühl überkommen kann, das, man möchte sagen, so urelementar der griechische Dichter ausgesprochen hat mit den Worten: «Vieles Gewaltige lebt, doch nichts ist gewaltiger als der Mensch!» Wie einseitig erscheinen einem alle Offenbarungen draußen in der Welt! Im Menschen aber scheinen diese Offenbarungen zur Allseitigkeit zusammengeflossen zu sein, wenn wir die Sinneswelt draußen betrachten und dann den Menschen selbst inmitten dieser als ein Sinneswesen, auf das alles übrige einfließt. Denn je genauer man die Welt betrachtet, desto mehr erscheint der Mensch als der Zusammenfluß aller Einseitigkeiten des übrigen Universums. Wenn man dieses Gefühl in sich entwickelt gegenüber der großen Welt und ihrem Zusammenströmen im Menschen, da erscheint dann ein von einer tief beseligenden Empfindung durchdrungener Gedanke in unserer Seele, der Gedanke von dem gottgewollten Menschen, von dem Menschen, der so erscheint, wie wenn Göttertaten und Götterabsichten ein ganzes Universum auferbaut hätten, aus dem sie die Wirkungen überall ausströmen ließen, so daß zuletzt diese Wirkungen zusammenströmen konnten in dem würdigsten Werke, das Götter von allen Seiten in den Mittelpunkt des Universums hinstellten: in dem Menschen. Göttergewolltes Werk! Das sagte auch einer, der gerade in dieser Beziehung die Sinneswelt draußen im Verhältnis zum Menschen beobachtete: Was sind alle Instrumente des Musikers gegen den Wunderbau des menschlichen Gehörorgans, dieses musikalischen Instrumentes, oder aber gegen den Wunderbau des menschlichen Kehlkopfes, dieses anderen musikalischen Instrumentes! Man kann vieles bewundern in der Welt; den Menschen nicht bewundern, so wie er mitten in der Welt drinnensteht, das ist nur möglich, wenn man ihn nicht kennt in seinem Wunderbau. Der Gedanke tritt dann in unsere Seele, wenn man sich solchen Betrachtungen hingibt: Was haben doch göttlich-geistige Wesenheiten alles getan, um diesen Menschen zustande zu bringen!

Das ist der eine Weg, den eine Weltbetrachtung dem Menschen geben kann. Aber es gibt noch einen anderen Weg. Dieser andere Weg eröffnet sich uns dann, wenn wir ein Gefühl in uns entwickeln für die Hoheit und Kraft und das Überwältigende dessen, was wir moralische Ideale nennen, wenn wir in unsere eigene Seele blicken und ein wenig in uns anschlagen lassen, was moralische Ideale in der Welt bedeuten. Es gehört eine gesunde Menschennatur dazu, eine allseitig gesunde Menschennatur, um in voller Größe die Hoheit der moralischen Ideale des Menschen zu empfinden. Und man kann den moralischen Idealen gegenüber etwas in sich entwickeln, was ebenso überwältigend wirken kann innerhalb der Seele, wie der Glanz und die Herrlichkeit der Offenbarungen des Weltalls durch den Menschen von außerhalb wirken. Das ist, wenn man in sich entzündet alle Liebe und allen Enthusiasmus, die sich anlehnen können an moralische Ideale und Ziele des Menschen. Da kann einen durchdringen eine ungeheure Wärme. Dann aber gliedert sich ganz notwendig als Gedanke an diese Empfindung der moralischen Ideale ein anderes an als das, was sich als Gedanke aus der vorhin genannten Weltenbetrachtung ergibt, die sich anlehnt an die Offenbarungen des Universums durch den Menschen. Gerade diejenigen, welche am höchsten, am kräftigsten empfinden die Gewalt der moralischen Ideale, gerade sie empfinden diesen anderen Gedanken auch am allerbedeutsamsten. Das ist, sie empfinden den Gedanken: Wie weit, o Mensch, bist du, so wie du gegenwärtig dastehst, entfernt von den hohen moralischen Idealen, die dir aufgehen können in deinem Herzen! Wie stehst du so winzig klein mit alledem, was du kannst, was du tust und vermagst, gegenüber der Größe der moralischen Ideale, die du dir vorsetzen kannst! Und nicht so empfinden, nicht so sich klein empfinden gegenüber den moralischen Idealen, das kann nur aus einer Seelenverfassung hervorgehen, die selber recht klein ist. Denn gerade mit dem Wachsen einer gewissen Seelengröße empfindet der Mensch seine Unangemessenheit gegenüber den moralischen Idealen. Und ein Gedanke dämmert dann in der Seele auf, der uns als Menschen oftmals so überkommt: daß wir kraftvoll und mutig versuchen, alle Veranstaltungen zu treffen, um uns einigermaßen reif und immer reifer zu machen, um nur wieder und wiederum ein wenig mehr die moralischen Ideale zu Kräften in uns selbst zu machen, als wir das vorher konnten. Oder aber, es kann auch in gewissen Naturen der Gedanke der Unangemessenheit an die moralischen Ideale so Wurzel fassen, daß sie völlig in sich zerschmettert sich fühlen, gottentfremdet sich fühlen gerade deshalb, weil sie auf der einen Seite das Gottgewollte des äußeren Menschen, der hineingestellt ist in die Sinneswelt, kraftvoll empfinden. Da stehst du, sagen sich vielleicht solche Menschen, mit alledem, was du äußerlich bist. Wenn du dich als äußerliches Wesen anschaust, so mußt du sagen: du bist ein Zusammenfluß der ganzen gottgewollten Welt, du bist ein gottgewolltes Wesen, trägst göttergleiches Angesicht! Dann schaust du in dein Inneres. Da gehen dir die Ideale auf, die dir Gott ins Herz geschrieben hat, die zweifellos für dich gottgewollte Kräfte sein sollen. Und du findest deine Unangemessenheit als eine Erfahrung aus deiner Seele quellen.

Diese zwei Wege zu einer Weltenbetrachtung gibt es im Menschen. Der Mensch kann sich von außen anschauen und tief beseligt sein über seine gottgewollte Natur, und der Mensch kann sich von innen betrachten und tief zerknirscht sein über seine gottentfremdete Seele. Ein gesundes Fühlen, ein gesundes Empfinden, das kann sich aber nur sagen: Aus demselben göttlichen Urgrunde, aus dem da kommen die Kräfte, die den Menschen mitten hineingestellt haben wie einen gewaltigen Extrakt des ganzen Universums, aus demselben göttlichen Urgrund müssen auch hervorsprießen die moralischen Ideale, die in unser Herz geschrieben sind. – Warum ist das eine so weit vom anderen entfernt? Das ist eigentlich die große Rätselfrage des menschlichen Daseins. Und wahrhaftig, es hätte niemals Theosophie, niemals auch Philosophie in der Welt gegeben, wenn nicht bewußt oder unbewußt, empfindungsgemäß oder mehr oder weniger verstandesklar dieser Zwiespalt, der eben charakterisiert worden ist, in den menschlichen Seelen entstanden wäre. Denn aus der Erfahrung dieses Zwiespaltes ist alles tiefere menschliche Nachsinnen und Nachforschen eigentlich entsprungen. Was stellt sich hinein zwischen den gottgewollten Menschen und den gottentfremdeten Menschen? Das ist eigentlich die Grundfrage aller Philosophie. Wenn man auch diese Frage in der mannigfaltigsten Weise anders formuliert und charakterisiert hat, so liegt doch diese Frage allem menschlichen Denken und allem menschlichen Sinnen zugrunde. Wie kann der Mensch überhaupt eine Vorstellung davon gewinnen, daß eine Brükke geschlagen werden kann zwischen der zweifellos beseligenden Anschauung des Äußeren und der zweifellos uns in tiefen Zwiespalt bringenden Anschauung unserer Seele?

Nun, sehen Sie, wir müssen schon den Weg, den die Menschenseele gehen kann, um in einer richtigen und würdigen Weise sich hinaufzuleben zu den höchsten Fragen des Daseins, ein wenig charakterisieren, um dann herauszufinden, worin die Ursprünge der Irrtümer liegen können. Denn in der Welt draußen, insofern diese Welt heute von äußerer Wissenschaft beherrscht ist, wird man, wenn man von Wissen, von Erkenntnis spricht, zweifellos immer sagen: Ja, Erkenntnis, Wahrheit muß sich ergeben, wenn man richtige Urteile gefällt, wenn man das Richtige gedacht hat. Ich habe letzthin einmal, um zu charakterisieren, welch gründlicher Irrtum in dieser Voraussetzung liegt, daß sich Erkenntnis, daß sich Wahrheit ergeben muß, wenn man richtige Urteile fällt, einen sehr einfachen Vergleich gebraucht, den ich auch hier wiederum erzählen möchte, aus dem Sie sehen, daß das Richtige keineswegs zu dem Wirklichen führen muß. Es war einmal in einem Dorfe ein kleiner Knabe, der wurde von seinen Eltern immer geschickt, Semmeln zu holen. Der bekam immer – sagen wir, es war das an einem Orte, wo man nach Kreuzerwährung rechnete – zehn Kreuzer mit und er brachte dafür sechs Semmeln. Wenn man eine Semmel kaufte, kostete sie zwei Kreuzer. Also er brachte für zehn Kreuzer immer sechs Semmeln mit nach Hause. Der kleine Knabe war kein besonderer Arithmetikus und hat sich nicht besonders darum gekümmert, wie das stimmt, daß er immer zehn Kreuzer mitbekommt, daß eine Semmel zwei Kreuzer kostet und er doch für seine zehn Kreuzer sechs Semmeln mit nach Hause bringt. Aber da bekam er eine Art Pflegebruder. Von einem anderen Orte her wurde ein Knabe in dasselbe Haus gebracht, ein Knabe, der ungefähr gleichaltrig, aber ein guter Arithmetikus war. Der sah nun, daß sein neuer Genosse zum Bäcker ging, daß er zehn Kreuzer mitbekam, und er wußte, daß eine Semmel zwei Kreuzer koste, und sagte: Also mußt du notwendigerweise fünf Semmeln mit nach Haus bringen. Er war ein sehr guter Arithmetikus und dachte das Richtige: Eine Semmel kostet zwei Kreuzer, zehn Kreuzer bekommt er mit, also wird er ganz sicher fünf Semmeln mit nach Hause bringen. Doch siehe da, er brachte sechs. Da sagte der gute Arithmetikus: Aber das ist doch ganz falsch, du kannst, weil eine

Semmel zwei Kreuzer kostet und du zehn Kreuzer mitbekommen hast, da doch zwei in zehn fünfmal enthalten ist, unmöglich sechs Semmeln mitbringen. Da muß man sich geirrt haben oder du hast eine Semmel geschnipft – das heißt nämlich gestohlen. Nun, siehe da, am zweiten Tage brachte der Junge wiederum für zehn Kreuzer sechs Semmeln. Es war nämlich üblich an jenem Orte, daß man auf fünf immer eine drauf bekam, so daß man in der Tat, wenn man fünf Semmeln kaufte für zehn Kreuzer, sechs bekam. Es war eine sehr angenehme Sitte für die Leute, die gerade fünf Semmeln brauchten für ihren Haushalt.

Nun, der gute Arithmetikus hat ganz richtig gedacht, er hat gar keinen Fehler gemacht in seinem Denken, aber mit der Wirklichkeit stimmte dieses richtige Denken nicht überein. Wir müssen zugeben, es erreichte das richtige Denken die Wirklichkeit nicht, denn die Wirklichkeit richtet sich eben nicht nach dem richtigen Denken. Sehen Sie: so wie es hier in diesem Falle ist, so kann man nachweisen, daß in der Tat bei den gewissenhaftesten, kniffligsten Gedanken, die man nur je logisch ausspinnen kann, das Richtigste herauskommen kann, aber an der Wirklichkeit bemessen kann es ganz und gar falsch sein. Das kann immer der Fall sein. Deshalb ist niemals ein aus dem Denken gewonnener Beweis irgendwie maßgebend für die Wirklichkeit, niemals. Man kann sich auch sonst durchaus irren in der eigentümlichen Verkettung von Ursache und Wirkung, wie man sie gegenüber der Außenwelt anbringen kann. Ich will Ihnen ein Beispiel auch davon geben. Nehmen Sie einmal an, ein Mensch geht dem Ufer eines Baches entlang. Er kommt bis zu einem gewissen Punkt, man sieht von der Ferne, wie er über den Rand des Baches stürzt, ins Wasser fällt, und man geht schnell hinzu und will ihn retten, aber er wird tot herausgezogen aus dem Wasser. Nun sieht man da den Leichnam. Man kann nun konstatieren meinetwillen, daß der Betreffende ertrunken sei, und kann dabei ganz scharfsinnig zu Werke gehen. Vielleicht lag dort an der Stelle, an der er ins Wasser gefallen ist, ein Stein; also, sagt man, er stolperte über den Stein, fiel ins Wasser und ertrank. Denn es ist die Gedankenzusammenstellung richtig: wenn ein Mensch so am Ufer gegangen ist, über den Stein, der da lag, gestolpert ist, hineingefallen ist in den Fluß und tot herausgezogen worden ist, so ist er ertrunken. Es kann gar nicht anders sein. Nur just bei diesem Menschen braucht es nicht so zu sein. Denn wenn man nicht von dieser Verkettung von Ursache und Wirkung sich beherrschen läßt, so kann man finden: diesen Menschen hat in dem Momente, in dem er ins Wasser fiel, der Herzschlag getroffen, infolgedessen ist er, weil er am Rande des Flusses war, ins Wasser gefallen. Er war schon tot, als er hineinfiel, er machte nur die Dinge noch durch, welche derjenige auch durchmacht, der lebendig ins Wasser fällt. Sie sehen, wenn jemand hier sich durch die Zusammenstellung der äußeren Ereignisse zu dem Urteile entschließt: der Betreffende ist ausgerutscht, ins Wasser gefallen und ertrunken –, so ist das falsch, so entspricht das nicht der Wirklichkeit, da er ins Wasser gefallen ist, weil er tot war, und nicht tot aus dem Wasser gezogen wurde, weil er hineingefallen war. Urteile, sehen Sie, die so verkehrt gemacht sind wie dieses, bei dem es so handgreiflich ist, die finden sich nun auf Schritt und Tritt in unserer wissenschaftlichen Literatur, nur merkt man es dort nicht, wie man es nie merken würde, wenn man nicht jenen Fall mit dem ins Wasser Gefallenen, den der Herzschlag getroffen hat, untersuchen würde. In feineren Verkettungen von Ursache und Wirkung werden nämlich solche Fehler fortwährend gemacht. Ich will damit nichts anderes andeuten, als daß tatsächlich unser Denken zunächst gegenüber der Wirklichkeit absolut inkompetent, nicht ausschlaggebend ist, kein richtiger Richter ist.

Ja, aber wie kommen wir denn nun überhaupt sozusagen aus dem Versinken in den Zweifel und in das Nichtwissen heraus, wenn wirklich unser Denken gar kein sicherer Führer sein kann? Wer nämlich Erfahrung hat in diesen Dingen, wer sich viel mit dem Denken beschäftigt hat, der weiß, daß man alles beweisen und alles widerlegen kann, und ihm imponiert kein Scharfsinn der Philosophie mehr. Er kann den Scharfsinn bewundern, aber sich dem bloßen Verstandesurteil hingeben kann er nicht, weil er weiß, daß man ebenso gute Verstandesurteile im entgegengesetzten Sinne auffinden kann. Das gilt für alles, was bewiesen oder widerlegt werden kann. In dieser Beziehung kann man oftmals die interessantesten Beobachtungen gerade am Leben machen. Es hat einen gewissen Reiz – allerdings nur einen theoretischen Reiz –, Menschen kennenzulernen, die gerade an einem bestimmten Punkte ihrer Seelenentwicklung angekommen sind: nämlich an dem Punkte, wo sie innerlich erleben, innerlich spüren, daß man eigentlich alles beweisen und alles widerlegen kann, und die noch nicht heran gereift sind zu dem, was man spirituelle Weltanschauung nennen kann.

Es mußten mich gerade in den letzten Wochen oftmals solche Gedanken beschäftigen in der Erinnerung an einen Mann, der mir einmal entgegengetreten ist mit der wunderbarsten Ausprägung einer solchen Seelenbeschaffenheit, ohne daß er durchgedrungen wäre zu einem realen Erfassen der Wirklichkeit durch Geisteswissenschaft. Aber dazu war er gekommen, im Grunde genommen die Widerlegbarkeit und auch die Begründbarkeit aller Behauptungen, die philosophisch getan werden können, einzusehen. Das war nämlich ein Wiener Universitätsprofessor, der vor einigen Wochen gestorben ist, ein äußerst geistvoller Mann; Laurenz Müllner heißt er. Ein außerordentlich geistreicher Mann, der mit einer großen Klarheit alle Beweise aufbringen konnte für alle möglichen philosophischen Systeme und Gedanken, aber der auch alles widerlegen konnte und der sich selbst immer als einen Skeptiker bezeichnete; aus dessen Mund ich einmal die in gewissem Sinne ja furchtbare Äußerung hörte: Ach, alle Philosophie ist doch nichts anderes als ein sehr schönes Gedankenspiel! Und wenn man das Geistsprühende des Gedankenspiels jenes Mannes oftmals beobachtet hat, dann war es auch interessant zu sehen, wie gerade Laurenz Müllner niemals festzuhalten war an irgendeinem Punkt, weil er gar nichts zugegeben hat, als höchstens dann, wenn irgendein anderer etwas gegen eine Weltanschauung vorgebracht hat: da konnte er liebevoll alles vorbringen, was zur Verteidigung jener Weltanschauung vorgebracht werden konnte, die er vielleicht ein paar Tage vorher scharfsinnig in Grund und Boden gebohrt hatte. Es war ein außerordentlich interessanter Kopf, tatsächlich in gewissem Sinne einer der bedeutendsten Philosophen, die in dieser Zeit gelebt haben. Was ihn zu dieser Grundstimmung gebracht hat, das ist auch interessant. Er war nämlich, außer daß er ein gründlicher Kenner der philosophischen Entwicklung der Menschheit war, zugleich katholischer Priester und war eigentlich immer gewillt, ein guter katholischer Priester zu bleiben, trotzdem er zuletzt viele Jahre an der Wiener Fakultät Professor war. Und die Art und Weise, sich in katholische Gedankengänge zu versenken, die bewirkte bei ihm auf der einen Seite, daß ihm in der Tat gegenüber den durch eine gewisse religiöse Inbrunst befruchteten Gedankengängen alles das klein erschien, was ihm sonst in der Welt als ein bloßes Gedankenspiel erschienen war; aber daß er trotzdem nicht herauskonnte aus dem bloßen Zweifel, das machte dieser sein Katholizismus. Er war zu groß, um etwa bei dem bloß dogmatischen Katholizismus stehenzubleiben, aber auf der anderen Seite war der Katholizismus zu groß in ihm, als daß er hätte aufsteigen können zu einer geisteswissenschaftlichen Erfassung der Realität. Es ist außerordentlich interessant, eine solche Seele zu beobachten, die gerade bis zu dem Punkt gekommen war, wo man eigentlich studieren kann, was dem Menschen notwendig ist, um an die Wirklichkeit heranzukommen. Denn selbstverständlich war sich auch dieser scharfsinnige Mann darüber klar, daß er mit seinem Denken nicht an die Wirklichkeit herankommen konnte.

Schon im alten Griechenland wurde ausgesprochen, wovon zunächst das gesunde menschliche Nachsinnen auszugehen hat, wenn es Aussicht haben will, einmal zur Wirklichkeit zu kommen. Und jener Ausspruch, der im alten Griechenland schon getan worden ist, gilt ganz gewiß noch immer. Man hat nämlich schon im alten Griechenland gesagt: Alles menschliche Nachforschen muß ausgehen von dem Staunen. Fassen wir das aber in positivem Sinne auf, meine lieben Freunde! Fassen wir es in dem positiven Sinne auf, daß tatsächlich in der Seele, die zur Wahrheit dringen will, dieser Zustand einmal vorhanden sein muß, vor dem Universum staunend zu stehen. Wer nämlich die ganze Kraft dieses griechischen Ausspruches zu fassen vermag, der kommt dazu, sich zu sagen: Wenn ein Mensch, gleichgültig, wie sonst die Verhältnisse sind, durch welche er zum menschlichen Forschen und Sinnen kommt, von dem Staunen ausgeht, also nicht von irgend etwas anderem, sondern vom

Staunen über die Weltentatsachen, dann ist das so, wie wenn man ein Samenkorn in die Erde steckt und eine Pflanze daraus emporwächst. Denn alles Wissen muß in gewisser Weise zum Samenkorn das Staunen haben.

Anders aber ist es, wenn ein Mensch nicht vom Staunen ausgeht, sondern vielleicht davon, daß in gewisser Jugendzeit seine braven Lehrer ihm eingebläut haben irgendwelche Grundsätze, die ihn zum Philosophen gemacht haben; oder wenn er Philosoph geworden ist, nun, weil es in dem Stande, wo er aufwuchs, Sitte ist, daß man etwas derartiges lernen muß, und er durch die gerade vorhandenen Umstände zur Philosophie kam. Bekanntlich ist auch das Examen in der Philosophie am leichtesten zu machen. Kurz, es gibt Hunderte und Tausende von Ausgangspunkten für die Philosophie, die nicht vom Staunen, sondern von etwas anderem herkommen. Alle solche Ausgangspunkte, die führen nur zu einem solchen Zusammenleben mit der Wahrheit, das sich vergleichen läßt damit, daß man aus Papiermaché eine Pflanze macht und nicht aus dem Samen sie zieht. Der Vergleich gilt vollständig, denn alles wirkliche Wissen, das Aussicht haben will, überhaupt etwas zu tun zu haben mit den Welträtseln, das muß aus dem Samenkorn des Staunens hervorgehen. Und es kann einer ein noch so scharfsinniger Denker sein, er kann schon, man möchte sagen, an einer gewissen Überschwenglichkeit des Scharfsinns leiden: wenn er niemals durchgegangen ist durch das Stadium des Staunens – es wird nichts daraus; es wird scharfsinnige, kluge Verkettung von Ideen und nichts, was nicht richtig wäre, aber das Richtige braucht nicht auf die Wirklichkeit zu gehen. Es ist eben durchaus notwendig, daß, bevor wir zu denken beginnen, bevor wir überhaupt unser Denken in Bewegung setzen, wir durchgemacht haben den Zustand des Staunens. Und ein Denken, das sich ohne den Zustand des Staunens in Bewegung setzt, das bleibt im Grunde genommen doch ein bloßes Gedankenspiel. Also das Denken muß urständen, wenn man diesen Ausdruck gebrauchen darf, im Staunen.

Und weiter. Das genügt noch nicht. Wenn das Denken nun urständet im Staunen und der Mensch gerade durch sein Karma veranlagt ist, recht scharfsinnig zu werden, und er durch einen gewissen Hochmut sehr bald dazu kommt, sich selber zu erfreuen an seinem Scharfsinn und dann nur noch den Scharfsinn entwickelt, dann hilft ihm auch das anfängliche Staunen nichts. Denn wenn, nachdem das Staunen in der Seele Platz gegriffen hatte, der Mensch nun im weiteren Verlaufe seines Denkens nur denkt, dann kann er nicht zur Wirklichkeit vordringen. Wohlgemerkt, ich betone das auch hier, ich will nicht sagen, daß der Mensch gedankenlos werden soll und daß das Denken schädlich ist. Denn das ist eine weit verbreitete Anschauung auch in theosophischen Kreisen: man hält das Denken geradezu für schlimm und schädlich, weil man sagt, der Mensch muß vom Staunen ausgehen. Aber er braucht nicht, wenn er ein bißchen angefangen hat zu denken und aufzählen kann die sieben Prinzipien des Menschen und so weiter, wiederum mit dem Denken aufzuhören, sondern das Denken muß bleiben. Es muß aber nach dem Staunen ein anderer Seelenzustand kommen, und das ist der, den wir am besten bezeichnen können mit der Verehrung für das, an was das Denken herantritt. Nach dem Zustand des Staunens muß der Zustand der Verehrung, der Ehrfurcht kommen. Und ein jegliches Denken, das sich emanzipiert von der Ehrfurcht, von dem ehrfürchtigen Aufschauen zu dem, was sich dem Denken darbietet, das wird nicht in die Wirklichkeit hineindringen können. Niemals darf das Denken sozusagen auf eigenen leichten Füßen dahintänzeln in der Welt. Es muß wurzeln, wenn es über den Standpunkt des Staunens hinweggekommen ist, in der Empfindung, in dem Gefühl der Verehrung der Weltengründe.

Da kommt allerdings der Erkenntnispfad sogleich in einen ganz gewaltigen Gegensatz zu dem, was man heute Wissenschaft nennt. Denn wenn Sie jemandem, der heute im Laboratorium vor seinen Retorten steht und Stoffe analysiert und durch Synthese wiederum Verbindungen aufbaut, sagen: Du kannst eigentlich doch die Wahrheit nicht erforschen! Du wirst zwar hübsch zerlegen und hübsch zusammensetzen, aber was du tust, sind bloß Tatsachen. Du gehst pietätlos, ohne Verehrung entgegenzubringen den Tatsachen der Welt, an diese heran. Du solltest eigentlich mit derselben Pietät und ehrfurchtsvollen Verehrung dem, was in deinen Retorten vorgeht, gegenüberstehen, wie ein Priester am Altar steht. – Was wird ein solcher Mann Ihnen heute antworten? Wahrscheinlich wird er Sie auslachen, furchtbar auslachen, weil es vom gegenwärtigen wissenschaftlichen Standpunkt aus gar nicht einzusehen ist, daß die Verehrung irgend etwas zu tun haben soll mit Wahrheit, mit Erkenntnis. Der Mann wird Ihnen, wenn er Sie nicht auslacht, höchstens sagen: Ich kann mich wirklich begeistern für das, was in meinen Retorten vorgeht, aber daß diese meine Begeisterung etwas anderes sein soll als meine Privatsache, daß die etwas zu tun haben soll mit der Wahrheitsforschung, das kannst du einem vernünftigen Menschen tatsächlich nicht begreiflich machen. – Man wird mehr oder weniger närrisch erscheinen gegenüber den heutigen Wissenschaftern, wenn man davon spricht, daß das Forschen und namentlich das Denken über die Dinge niemals sich emanzipieren darf von dem, was Verehrung genannt werden muß, daß man keinen Schritt im Denken machen darf, ohne daß man durchdrungen ist von dem Gefühl der Verehrung für das, was man erforscht. Das ist das Zweite.

Aber auch ein Mensch, welcher es schon bis zu einem gewissen Gefühl der Verehrung gebracht hat und dann, nachdem er, weil er dieses Gefühl der Verehrung erlebt hat, nun mit dem bloßen Denken vorwärtsdringen wollte, ja, der würde wiederum ins Wesenlose kommen, würde wieder nicht weiterkommen. Er würde ja ein Richtiges finden und, weil er die zwei ersten Stufen überschritten hat, so würde sein Richtiges durchzogen sein von mancherlei festgegründeten Gesichtspunkten. Aber er würde dennoch bald ins Unsichere kommen müssen. Denn eine dritte Stufe muß sich in unserem Seelenzustand einstellen, wenn wir Staunen und Verehrung genügend durchgemacht haben, und diese dritte Stufe ist diese, die man bezeichnen könnte als: sich in weisheitsvollem Einklange fühlen mit den Weltgesetzen. Ja, sehen Sie, dieses Sich-im-weisheitsvollen-Einklang-Fühlen mit den Weltgesetzen, das kriegt man überhaupt auf keine andere Weise zustande, als wenn man in einer gewissen Beziehung die Wertlosigkeit des bloßen Denkens schon eingesehen hat, wenn man sich immer wieder und wiederum gesagt hat: Derjenige, der nur auf die Richtigkeit des Denkens baut – ob er nun begründet oder widerlegt, darauf kommt es nicht an –, der ist eigentlich in demselben Falle wie unser kleiner Knabe, der die Semmelzahl in richtiger Weise berechnet hat. Wäre der kleine Knabe fähig gewesen, sich zu sagen: Was du ausrechnest, kann richtig sein, aber du mußt gar nicht bauen auf dein richtiges Denken, sondern du mußt einmal der Wahrheit nachgehen, mußt dich in Einklang setzen mit der Wirklichkeit, dann hätte der Knabe gefunden, was höher steht als seine Richtigkeit: der Brauch am Orte, auf fünf Semmeln eine drauf zu geben. Er hätte gefunden, daß man aus sich heraus muß in die Außenwelt und daß das richtige Denken nichts ausmacht dazu, ob etwas wirklich ist.

Aber dieses sich in weisheitsvollen Einklang setzen mit der Wirklichkeit, das ist etwas, was nicht so ohne weiteres geht. Wenn es so ohne weiteres ginge, meine lieben Freunde, dann würden Sie jetzt und dann würde niemals ein Mensch in diesem Punkt die Verführung durch Luzifer erfahren haben. Denn eigentlich war dem Menschen von den göttlichen Führern der Welt durchaus zugedacht das, was man nennt Unterscheidung von Gut und Böse, Erwerbung von Erkenntnis, Essen vom Baum der Erkenntnis – aber für eine spätere Zeit. Dasjenige, was gefehlt worden ist von den Menschen, das ist, daß sie in zu früher Zeit diese Erkenntnis von der Unterscheidung von Gut und Böse sich haben aneignen wollen. Was ihnen für später zugedacht war, haben sie unter der Verführung Luzifers sich früher aneignen wollen; darin liegt es. Dabei konnte nur herauskommen eine unzulängliche Erkenntnis, die sich zur wirklichen Erkenntnis, welche sich der Mensch hätte erringen sollen, wie sie ihm zugedacht war, so verhält wie eine Frühgeburt zu einem ausgereiften Kinde. So daß die alten Gnostiker – man spürt, wie recht sie hatten – tatsächlich das Wort gebraucht haben: Die menschliche Erkenntnis, so wie sie den Menschen begleitet durch seine Verkörperungen durch die Welt, ist eigentlich eine Frühgeburt, ein Ektroma, weil die Menschen nicht haben warten können, bis sie alles das durchgemacht hatten, was dann zur Erkenntnis hätte führen sollen. Es hätte also eine Zeit verfließen sollen, in welcher der Mensch nach und nach hätte heranreifen lassen sollen gewisse Seelenzustände, dann hätte ihm die Erkenntnis zufallen müssen. Diese Ursünde der Menschheit, die begeht man heute noch immer; denn wenn man sie nicht begehen würde, so würde man weniger darauf bedacht sein, wie man rasch das oder jenes als Wahrheit sich aneignen kann, sondern man würde darauf bedacht sein, wie man reif werden kann, um gewisse Wahrheiten erst zu begreifen.

Das ist wieder etwas, was dem heutigen Menschen so sonderbar erscheinen könnte, wenn einer käme und sagte: Dir ist der Pythagoräische Lehrsatz ganz begreiflich; aber wenn du ihn tiefer begreifen willst in seiner geheimnisvollen Bedeutung: die Summe der Quadrate auf den beiden Katheten ist gleich dem Quadrat der Hypotenuse – oder nehmen wir einen einfacheren Satz: Ehe du reif wirst zu begreifen, daß 3 × 3 = 9 ist –, mußt du noch das und jenes in deiner Seele durchmachen! Und noch heller würde ein Mensch von heute auflachen, wenn ihm einer sagen wollte: Das begreifst du erst dann, wenn du dich in Einklang bringst mit den Weltengesetzen, welche die Dinge so geordnet haben, daß uns die mathematischen Gesetze in gewisser Weise erscheinen. Eigentlich begehen die Menschen immer noch die Erbsünde, indem sie glauben, auf jeder Stufe alles begreifen zu können, und nichts darauf geben, daß man erst etwas durchmachen muß, um dieses oder jenes zu begreifen, daß man ein inneres Getragensein haben muß von dem Bewußtsein, daß man eigentlich mit all seinen strengen Urteilen gar nichts erreichen kann in der Wirklichkeit.

Das gehört zum dritten Zustand, den wir zu schildern haben. Wenn man sich noch so stark anstrengt im Urteilen – Irrtum kann immer unterlaufen im Urteil. Ein richtiges Urteil kann sich nur ergeben, wenn wir einen gewissen Reifezustand erlangt haben, wenn wir gewartet haben, bis das Urteil uns zuspringt. Nicht wenn wir uns Mühe geben, das Urteil zu finden, sondern wenn wir uns Mühe geben, uns reif zu machen, daß das Urteil an uns herankommt, dann hat das Urteil etwas mit der Wirklichkeit zu tun. Derjenige, der sich noch so furchtbar anstrengt, ein richtiges Urteil zu fällen, der kann nie darauf bauen, daß er durch diese innere Anstrengung zu einem irgendwie maßgeblichen Urteil kommt. Der allein kann hoffen, zu einem richtigen Urteil zu kommen, der alle Sorgfalt darauf verwendet, immer reifer und reifer zu werden, sozusagen die richtigen Urteile zu erwarten von den Offenbarungen, die ihm zuströmen, weil er reif geworden ist. Da kann man nämlich die merkwürdigsten Erfahrungen machen. Ein Mensch, der rasch mit seinem Urteil fertig ist, wird natürlich denken: Wenn einer ins Wasser gefallen ist und man ihn tot herauszieht, ist er ertrunken. Aber jemand, der weise geworden ist, der reif geworden ist durch Lebenserfahrung, der wird wissen, daß in jedem einzelnen Falle eine allgemeine Richtigkeit gar nichts bedeutet, sondern daß man in jedem einzelnen Falle allseitig sich hinzugeben hat dem, was sich darbietet, daß man immer urteilen lassen muß die Tatsachen, die sich vor einem abspielen. Man kann das am Leben sehr gut bewahrheitet finden.

Nehmen Sie den Fall: Irgendein Mensch sagt heute irgend etwas. Nun gut, Sie können eine andere Ansicht haben, Sie können sagen: Das ist ganz falsch, was der sagt. Sie können eben ein anderes Urteil haben als der andere. Schön, es kann das falsch sein, was er sagt und was Sie sagen; es können in gewisser Beziehung beide Urteile richtig und beide falsch sein. Daß der eine ein anderes Urteil hat als der andere, das werden Sie jetzt auf dieser dritten Stufe nicht als etwas Maßgebendes betrachten. Das besagt gar nichts; da steht man nur gleichsam auf der Spitze seines eigenen Urteils. Da hält der, der weise geworden ist, immer mit seinem Urteil zurück, und um sich nicht in irgendeiner Weise mit seinem Urteil zu engagieren, hält er sogar dann zurück, wenn er das Bewußtsein hat, daß er recht haben könnte; wie experimentell, wie probeweise hält er zurück. Aber nehmen Sie an, ein Mensch sagt Ihnen heute irgend etwas; nach zwei Monaten sagt er etwas Gegenteiliges: da können Sie sich ganz ausschalten, da haben Sie gar nichts zu tun mit den beiden Tatsachen. Wenn Sie die beiden Tatsachen auf sich wirken lassen, dann brauchen Sie keiner zu widersprechen, sondern sie widersprechen sich gegenseitig. Da wird das Urteil vollzogen durch die Außenwelt, nicht durch Sie. Da beginnt der Weise erst zu urteilen. Es ist interessant, daß man niemals verstehen wird die Art und Weise, wie zum Beispiel Goethe seine Naturwissenschaft getrieben hat, wenn man nicht diesen Begriff von Weisheit hat, daß die Dinge selber urteilen sollen. Daher hat Goethe auch den interessanten Ausspruch getan – Sie finden ihn in meiner Einleitung zu Goethes naturwissenschaftlichen Werken – Man sollte eigentlich niemals Urteile oder Hypothesen machen über die äußeren Erscheinungen, sondern die Erscheinungen sind die Theorien, sie selber sprechen ihre Ideen aus, wenn man sich reif gemacht hat, sie in der richtigen Weise auf sich wirken zu lassen. Nicht darauf kommt es an, daß man sozusagen sich dahintersetzt und auspreßt aus seiner Seele, was man für richtig hält, sondern darauf, daß man sich reif macht und sich zuspringen läßt das Urteil aus den Tatsachen selber. So stehen muß man zum Denken, daß man das Denken nicht zum Richter über die Dinge macht, sondern zum Instrument für das Aussprechen der Dinge. Das heißt sich in Einklang mit den Dingen setzen.

Wenn man diesen dritten Zustand durchgemacht hat, dann darf das Denken sich noch immer nicht auf eigene Füße stellen wollen, dann kommt erst der gewissermaßen höchste Seelenzustand, den man erreichen muß, wenn man zur Wahrheit kommen will. Und das ist der Zustand, den man gut mit dem Worte Ergebenheit bezeichnen kann. Staunen, Verehrung, weisheitsvoller Einklang mit den Welterscheinungen, Ergebung in den Weltenlauf, das sind die Stufen, die wir durchzumachen haben und die immer parallel gehen müssen dem Denken, die niemals das Denken verlassen dürfen – sonst kommt das Denken zum bloß Richtigen, nicht zum Wahrhaftigen. Halten wir einmal still bei dem, wohin wir aufgestiegen sind durch Staunen, Verehrung, weisheitsvollen Einklang mit den Welterscheinungen, bis zu dem, was wir heute Ergebung genannt haben, was wir aber noch nicht erklärt haben, wovon wir morgen weitersprechen werden. Halten wir fest bei dem, daß wir stehengeblieben sind bei der Ergebung, und halten wir fest auf der andern Seite die Frage, die wir aufgeworfen haben: Warum man sich nur intellektuell zu machen braucht, um Geisteswissenschaft widerlegen zu können. Und betrachten wir das als zwei Fragen, zu deren weiterer Beantwortung wir dann morgen weiterschreiten werden.

ZWEITER VORTRAG

Hannover, 28. Dezember 1911

Wir sind gestern angelangt bei der Betrachtung jenes Seelenzustandes, den wir als die Ergebung bezeichneten und der uns erschien als der zunächst höchste der Seelenzustände, die erreicht werden müssen, wenn Denken, wenn das, was man im gewöhnlichen Sinn Erkenntnis nennt, in die Wirklichkeit eintreten soll, wenn es mit der Wirklichkeit, mit dem wahrhaft Wirklichen etwas zu tun haben soll. Mit anderen Worten: ein Denken, das sich erhoben hat zu den Seelenzuständen, wo wir uns zuerst angeeignet haben das Staunen, dann dasjenige, was wir verehrende Hingabe an die Welt des Wirklichen nennen, dann das, was wir nennen sich in weisheitsvollem Einklang wissen mit den Welterscheinungen. Ein Denken, welches sich nicht dann auch noch in jene Region erheben könnte, die in dein Seelenzustand der Ergebung charakterisiert ist, ein solches Denken könnte nicht zum Wirklichen kommen. Nun, diese Ergebung, sie ist eigentlich nur dadurch zu erringen, daß man in ganz energischer Weise versucht, sich das Unmaßgebliche des bloßen Denkens immer wieder und wiederum vor Augen zu führen, und daß man sich ferner bemüht, eine Stimmung immer reger und energischer zu machen, die uns unaufhörlich sagt: Du sollst gar nicht von deinem Denken erwarten, daß es dir Erkenntnisse des Wahren geben kann, sondern du sollst von deinem Denken zunächst bloß erwarten, daß es dich erzieht. Das ist außerordentlich wichtig, daß wir diese Stimmung in uns entwickeln, daß uns unser Denken erzieht. Sehen Sie, wenn Sie diesen Grundsatz wirklich praktisch durchführen, dann werden Sie in einer ganz anderen Weise über mancherlei hinauskommen, als man gewöhnlich glaubt, daß man hinauskommen müsse.

Ich glaube es ja gerne, daß nicht viele von Ihnen gründlich den Philosophen Kant studiert haben. Das ist auch nicht notwendig. Es braucht zunächst ja hier nur gesagt zu werden, daß Sie in Kants bedeutendster, bahnbrechendster Schrift, in der «Kritik der reinen Vernunft», den Nachweis immer geführt finden auf der einen Seite für und auf der andern Seite gegen. Nehmen wir einen Satz, zum Beispiel: die Welt habe einmal in der Zeit einen Anfang genommen, dann setzt Kant auf der andern Seite desselben Blattes vielleicht den Satz: die Welt habe immer bestanden von Ewigkeit her. Und für diese beiden Sätze, von denen man ja leicht einsehen kann, daß sie das gerade Gegenteil einer von dem andern zum Ausdruck bringen, da bringt er gültige Beweise sowohl für den einen Satz wie für den andern. Das heißt: er beweist in derselben Art, daß die Welt einen Anfang genommen habe, und dann, daß sie keinen Anfang genommen habe. Kant nennt dies Antinomien und will dadurch die Begrenztheit des menschlichen Erkenntnisvermögens dartun, will zeigen, daß der Mensch notwendigerweise zu solchen einander widersprechenden Beweisführungen kommen müsse. Ja, solange man die Meinung hat, daß man durch Denken oder Verarbeiten von Begriffen oder, sagen wir, denkendes Verarbeiten von Erfahrungen zur Wahrheit, das heißt zur Übereinstimmung mit irgendeiner objektiven Wirklichkeit kommen soll, solange man sich dieser Meinung hingibt, solange ist es tatsächlich eine recht schlimme Sache, wenn einem gezeigt wird, wie man das eine beweisen kann und auch das genaue Gegenteil beweisen kann. Denn wie soll man da durch die Beweise zur Wirklichkeit kommen! Wenn man sich aber erzogen hat dazu, daß das Denken überhaupt gerade da, wo die entscheidenden Dinge in Betracht kommen, nichts entscheidet über das Wirkliche, wenn man sich energisch dazu erzogen hat, das Denken bloß aufzufassen als Mittel, um weiser zu werden, als ein Mittel, seine Selbsterziehung zur Weisheit in die Hand zu nehmen, dann stört das nicht, daß das eine Mal das eine und dann das andere bewiesen werden kann. Denn dann merkt man sehr bald, daß gerade dadurch, daß einem in bezug auf die Verarbeitung der Begriffe eigentlich die Wirklichkeit gar nichts anhaben kann, man in der freiesten Weise innerhalb der Begriffe und der Ideen arbeiten und sich erziehen kann. Würde man fortwährend von der Wirklichkeit korrigiert werden, dann würde man in der Verarbeitung der Begriffe kein freies Selbsterziehungsmittel haben. Bedenken Sie das wohl, daß wir nur dadurch in dem Verarbeiten unserer Begriffe ein wirksames, freies Selbsterziehungsmittel haben, daß wir niemals durch die Wirklichkeit gestört werden in dem freien Verarbeiten der Begriffe.

Was heißt das: wir werden nicht gestört? Ja, was wäre denn eigentlich eine solche Störung durch die Wirklichkeit im freien Verarbeiten der Begriffe? Eine solche Störung können wir uns ein wenig vor die Seele führen, wenn wir zunächst einmal rein hypothetisch – wir werden später noch sehen, daß das für uns nicht hypothetisch zu bleiben braucht – unserem menschlichen Denken das göttliche Denken gegenüberstellen. Da können wir sagen: Das göttliche Denken, von dem können wir uns zunächst nicht den Begriff bilden, daß es auch nichts zu tun habe mit dem Wirklichen, sondern von dem göttlichen Denken – nehmen wir es zunächst also nur hypothetisch an – können wir uns nur den Begriff bilden, daß es wohl eingreift in die Wirklichkeit. Nun, daraus folgt aber nichts Geringeres als das: Wenn der Mensch einen Fehler macht in seinem Denken, so ist es ein Fehler, so ist es nicht weiter schlimm, denn es ist ein bloßer Fehler, sozusagen ein logischer Fehler. Und wenn der Mensch später dann darauf kommt, daß er einen Fehler gemacht hat, so kann er ihn korrigieren und er hat damit etwas getan zu seiner Selbsterkenntnis, er hat sich weiser gemacht. Aber nehmen wir das göttliche Denken: Ja, wenn das göttliche Denken richtig denkt, dann geschieht etwas, und wenn es falsch denkt, dann wird etwas zerstört, etwas vernichtet. Würden wir also ein göttliches Denken haben, dann würden wir bei jedem falschen Begriff, den wir fassen, sogleich einen Vernichtungsprozeß hervorrufen, zunächst in unserem astralischen Leib, dann in unserem Ätherleib und von da aus auch in unserem physischen Leib, und die Folge eines falschen Begriffes würde sein – wenn wir ein wirksames göttliches Denken hätten, wenn unser Denken mit der Wirklichkeit etwas zu tun hätte –, daß wir sozusagen etwas hervorriefen in unserem Innern wie einen kleinen Vertrocknungsprozeß in irgendeinem Teile unseres Leibes, einen Verknöcherungsprozeß. Nun, da dürfen wir wahrhaftig recht wenig Fehler machen, denn der Mensch würde sehr bald so viele Fehler gemacht haben, daß er seinen Leib dürr gemacht hätte, so daß er vollständig zerfallen würde, er würde ihn sehr bald zermürbt haben, wenn er umgesetzt hätte in die Wirklichkeit, was Fehler in seinem Denken waren. Wir erhalten uns tatsächlich nur dadurch in der Wirklichkeit, daß unser Denken nicht eingreift in diese Wirklichkeit, daß wir bewahrt sind vor dem Eingreifen unseres Denkens in die Wirklichkeit. Und so können wir Fehler über Fehler machen in unserem Denken: wenn wir diese Fehler später korrigieren, so haben wir uns selbst erzogen, wir sind weiser geworden, aber wir haben nicht gleich verheerende Wirkungen angerichtet mit unseren Fehlern. Wenn wir uns immer mehr und mehr durchdringen mit der moralischen Kraft eines solchen Gedankens, dann kommen wir zu jener Ergebung, die uns endlich dazu bringt, gar nicht mehr, um über äußere Dinge etwas zu erfahren, an den entscheidenden Punkten des Lebens das Denken anzuwenden.

Das klingt sonderbar, nicht wahr, und es scheint zunächst, wie wenn es unmöglich wäre, überhaupt so etwas auszuführen. Und dennoch: wir können es zwar nicht absolut ausführen, aber wir können es in einer gewissen Beziehung ausführen. Wie wir schon einmal geartet sind als Menschen, können wir uns ja in der Welt nicht ganz das Urteilen über die Dinge abgewöhnen; wir müssen urteilen – wir werden in diesen Vorträgen noch sehen, warum –, das heißt, wir müssen etwas tun zum Leben, zur Lebenspraxis, was eigentlich wirklich nicht vordringt bis zu den Tiefen der Wirklichkeit. Wir müssen also schon urteilen, aber wir sollten allem Urteilen gegenüber durch eine weise Selbsterziehung in uns bewirken Vorsicht im Fürwahrhalten dessen, was wir urteilen. Wir sollten uns unausgesetzt bemühen, sozusagen uns über die Schulter zu schauen und uns klarzumachen, daß wir, wo wir unseren Scharfsinn anwenden, im Grunde genommen überall im Unsicheren tappen, überall irren können. Das trifft hart die Sicherlinge des Lebens, welche überhaupt nicht mehr recht fortzukommen glauben, wenn sie daran zweifeln müssen, daß das, was sie anheften als ihr Urteil an ein jegliches Ereignis, an ein jegliches Geschehnis, maßgebend sein soll für sie. Beobachten wir nur einmal das Leben vieler Menschen, ob sie nicht als das Wichtigste eigentlich ansehen, überall zu sagen, wenn das oder jenes auftritt: Ich glaube aber das, ich glaube aber jenes, oder wenn sie etwas sehen: Das gefällt mir nicht, das gefällt mir und so weiter. Das sind die Dinge, die man, wenn man nicht zu den Sicherlingen des Lebens gehören will, sich abgewöhnen muß, abgewöhnen muß dann, wenn man mit seinem Seelenleben der Wirklichkeit zusteuert. Also um das Entwickeln einer solchen Gesinnung handelt es sich, die sich etwa mit folgenden Worten charakterisieren läßt: Nun ja, ich muß eben leben, deshalb muß ich urteilen; daher werde ich mich des Urteilens bedienen, insofern die Lebenspraxis das notwendig macht, aber nicht insofern ich Wahrheit erkennen will. Insofern ich Wahrheit erkennen will, werde ich mir immer sorgfältig über die Schulter schauen und immer mit gewissem Zweifel ein jegliches Urteil, das ich fälle, aufnehmen.

Ja, wie sollen wir dann überhaupt zu irgendeinem Gedanken über die Wahrheit kommen, wenn wir nun nicht urteilen sollen? Nun, es ist in gewisser Beziehung schon gestern angedeutet worden: Wir sollen die Dinge reden lassen, immer mehr und mehr passiv uns zu den Dingen verhalten und die Dinge ihre Geheimnisse aussprechen lassen. Es würde ja vieles vermieden werden, wenn die Menschen nicht urteilen würden, sondern die Dinge ihre Geheimnisse aussprechen lassen würden. In einer wunderbaren Weise kann man lernen dieses Aussprechenlassen der Geheimnisse der Dinge bei Goethe, der eigentlich geradezu da, wo er forschen will über die Wahrheit, sich verbietet zu urteilen und die Dinge selber ihre Geheimnisse aussprechen lassen will. Nehmen wir einmal an, der eine Mensch urteilte, der andere ließe die Dinge selbst ihre Geheimnisse aussprechen. Wir können das an einem konkreten Beispiel anschaulich machen: Der eine urteilt, er sieht einen Wolf, sagen wir, und nun beschreibt er den Wolf. Er findet, daß es noch andere Tiere gibt, die auch so aussehen wie dieser Wolf, und kommt zu dem allgemeinen Begriff des Wolfes auf diese Weise. Und nun kann ein solcher Mensch zu folgendem Urteil kommen. Er kann sagen: Ja, in Wirklichkeit sind nur einzelne Wölfe vorhanden. Den allgemeinen Begriff des Wolfes, den bilde ich mir in meinem Geiste, der Wolf als solcher ist nicht vorhanden; es sind nur einzelne Wölfe vorhanden in der Welt. – Ein solcher Mensch wird leicht das Urteil fällen, man habe es nur mit Einzelwesen zu tun, und das, was man im allgemeinen Begriff, in der Idee hat, dieses allgemeine Bild des Wolfes, das sei nichts Wirkliches. Das würde im eminentesten Sinne ein bloß urteilender Mensch sein, der solche Vorstellungen sich bildet. Ein Mensch aber, der die Wirklichkeit sprechen läßt, wie wird der über jenes Unsichtbare des Wolfes denken, das man in jedem Wolf findet, das alle Wölfe zugleich charakterisiert? Nun, der würde ungefähr so sagen: Ich vergleiche einmal ein Lamm mit einem Wolf, oder eine Anzahl von Lämmern mit einem Wolf. Ich will jetzt gar nicht urteilen, sondern will lediglich die Tatsachen sprechen lassen. Ja, nehmen wir an, es spielte sich die Tatsache so recht anschaulich vor diesem Menschen ab: der Wolf frißt die Lämmer. Das wäre recht anschaulich. Da würde der Betreffende sagen: Ja, nun ist dasjenige, was früher als Lamm herumgesprungen ist, im Wolf und ist im Wolf aufgegangen.

Aber es ist sehr merkwürdig, daß gerade dieses Anschauen der Dinge zeigt, wie real das ist, was Wolfsnatur ist. Denn das, nicht wahr, was man äußerlich verfolgen könnte, das könnte zu dem Urteil führen: Wenn der Wolf nun abgesperrt wird von aller übrigen Nahrung und lauter Lämmer frißt nach und nach, so muß ja, weil der Stoffwechsel das mit sich bringt, der Wolf nach und nach den Stoff von lauter Lämmern in sich haben. Tatsächlich wird er aber nie ein Lamm, er bleibt ein Wolf. Das zeigt ganz anschaulich, wenn wir richtig urteilen, daß da das Materielle nicht bloß durch einen unrealen Begriff eingefangen wird im Wolf. Wenn wir uns unterrichten lassen, was uns die äußere Tatsachenwelt gibt, so zeigt sie uns, daß außer dem, was wir vor uns haben als Materielles im Wolf, dieser Wolf noch über dies Materielle hinaus etwas ganz Wirkliches ist, daß also das, was man da nicht sieht, etwas höchst Wirkliches ist. Denn das, was nicht im Stofflichen aufgeht, das bewirkt gerade, daß der Wolf, wenn er lauter Lämmer frißt, kein Lamm wird, sondern eben ein Wolf bleibt. Das rein Sinnliche ist aus den Lämmern in den Wolf hinübergegangen.

Es ist schwierig, sich ganz klarzumachen, welcher Unterschied zwischen Urteilen und Sichunterrichtenlassen von der Wirklichkeit besteht; aber wenn man dieses erfaßt hat und dann das Urteilen nur verwendet für die Zwecke des praktischen Lebens, und das Sichunterrichtenlassen von den Dingen verwendet, um an die Wirklichkeit heranzukommen, dann gelangt man allmählich in die Stimmung hinein, die uns sagt, was Ergebung ist. Ergebung ist eben jene Seelenverfassung, die nicht von sich aus die Wahrheit erforschen will, sondern die alle Wahrheit von der Offenbarung erwartet, die aus den Dingen strömt, und die warten kann, bis sie reif ist, diese oder jene Offenbarung zu empfangen. Das Urteil will auf jeder Stufe zu der Wahrheit kommen. Die Ergebung, die arbeitet nicht, um in diese oder jene Wahrheiten mit Gewalt einzudringen, sondern sie arbeitet an sich, an der Selbsterziehung, und wartet ruhig ab, bis auf einer bestimmten Stufe der Reife die Wahrheit durch die Offenbarungen aus den Dingen einströmt, uns ganz durchdringend. Arbeiten mit Geduld, die in weiser Selbsterziehung uns weiter und weiter bringen will – das ist die Stimmung der Ergebung.

Nun handelt es sich darum, daß wir uns die Früchte dieser Ergebung vor die Seele führen. Was erlangen wir dadurch, daß wir mit unserem Denken fortgeschritten sind vom Staunen durch die Verehrung, durch das Sichfühlen in weisheitsvollem Einklang mit der Wirklichkeit, in die Seelenverfassung der Ergebung, was erlangen wir dadurch? Dadurch erlangen wir zum Schluß dieses: Wenn wir nun hingehen, die Pflanzenwelt in ihrer Grünheit und in ihren wechselnden Blütenfarben und sonstiges betrachten, das Firmament betrachten in seiner Blauheit, die Sterne betrachten in ihrem Goldglanz, ohne nun von innen heraus zu urteilen, uns offenbaren lassend, was die Dinge sind – wenn wir es zu dieser Ergebung gebracht haben, dann werden alle Dinge für uns etwas ganz anderes, als sie vorher waren innerhalb der Sinneswelt, dann offenbart sich uns in der Sinneswelt etwas, für das es kein anderes Wort gibt als ein Wort, das aus unserem Seelenleben selbst entnommen ist. Alle Dinge offenbaren sich, und ich möchte geradezu die Sinneswelt, wie sie vor uns auftritt, durch diese Niveaulinie charakterisieren (a–b, siehe Zeichnung Seite 41). Nehmen Sie an, Sie stehen hier (c) vor der Sinneswelt, Sie schauen diese Sinneswelt an, die sich wie ein Schleier vor Ihnen ausbreitet. Das also, was in dieser Linie hier (a–b) charakterisiert sein soll, das seien die Töne der Sinneswelt, die auf unser Ohr wirken, die Farben und Formen, die auf unser Auge wirken, die Gerüche und

Geschmäcke, die auf unsere sonstigen Organe wirken, das sei Härte und Weichheit usw., kurz das alles sei in dieser Linie charakterisiert. Diese Linie sei die Welt der Sinne. Also im gewöhnlichen Leben, so wie wir in dieser Sinneswelt stehen, wenden wir unsere Urteilskraft an. Und wodurch entstehen die äußeren Wissenschaften? Dadurch, daß die Wissenschaften herantreten an diese Sinneswelt, daß sie durch verschiedene Methoden sozusagen erforschen, was da in den Dingen dieser Sinneswelt für Gesetze walten und dergleichen. Wir haben aus dem ganzen Geist der bisherigen Auseinandersetzungen gesehen, daß man dadurch nicht in die Welt der Wirklichkeit hineinkommt, weil das Urteilen überhaupt kein Führer ist, sondern daß man durch die Erziehung des Denkens durch das Staunen, die Verehrung und so weiter hindurch allein herandringen kann an die Welt des Wirklichen. Dann verändert sich das, was Sinneswelt ist, dann wird diese Sinneswelt zu etwas völlig Neuem. Das ist wichtig, daß wir an dieses Neue herankommen, wenn wir überhaupt das Wesen der Sinneswelt erkennen wollen.

Nehmen wir an, ein Mensch, der in gewissem hohem Grade dieses Gefühl, diese Seelenverfassung der Ergebung entwickelt hat, er tritt entgegen, sagen wir, dem frischen, vollen Grün einer Wiese. Sie zeigt sich ihm zunächst, weil keine einzelnen Pflanzenfarben hervorstehen über das allgemeine Grün, sie zeigt sich im allgemeinen frischen Grün. Ein solcher Mensch, der wirklich bis zu einem höheren Grade die Seelenverfassung der Ergebung ausgebildet hat, der wird gar nicht anders können, als, indem er diese Wiese betrachtet, etwas zu empfinden, was ihn in innerer Seelenstimmung eines gewissen Gleichgewichtes berührt – aber eines belebten Gleichgewichtes, so wie leises harmonisches, gleichmäßiges Wellenrieseln des Wassers. Er wird gar nicht anders können, als dieses Bild vor seine Seele zu zaubern. Und so, sagen wir, wird ein solcher Mensch nicht anders können, als empfinden bei jeglichem Geschmack, bei jeglichem Geruch in seiner Seele so etwas wie eine innere Regsamkeit. Es gibt keine Farbe, keinen Ton, die nichts sagen, sondern alles sagt etwas und alles sagt so etwas, daß der Mensch die Notwendigkeit fühlt, mit innerer Regsamkeit auf das Gesagte zu antworten – nicht mit einem Urteil zu antworten, sondern mit innerer Regsamkeit. Kurz, der Mensch kommt darauf, daß sich die ganze Sinneswelt für ihn entpuppt als etwas, was er nicht anders bezeichnen kann denn als Willen. Alles ist strömender, waltender Wille, insofern wir der Sinneswelt entgegentreten. Das bitte ich Sie sehr wohl zu fassen, daß derjenige, der in einem höheren Grade die Ergebung sich angeeignet hat, überall in der Sinneswelt waltenden Willen entdeckt. Daher verstehen Sie, daß für einen Menschen, der auch nur bis zu einem geringen Grade diese Ergebung in sich ausgebildet hat, es so schlimm ist, sagen wir, wenn er irgendeine impertinente Modefarbe etwa auf der Straße sich entgegenkommen sieht, weil er nicht anders kann, als diese innerlich regsam zu empfinden gegenüber all dem, was da draußen ist. Er ist immer durch einen Willen, den er in allem empfindet, in allem fühlt, mit der ganzen Welt verbunden. Dadurch naht er sich dem Wirklichen, daß er verbunden ist durch den Willen mit allem, was Sinneswelt ist. Und so wird das, was Sinneswelt ist, wie zu einem Meer von in der mannigfaltigsten Weise differenziertem Willen. Dadurch aber wird dieses, was wir sonst wie ausgebreitet nur fühlen, wie von einer gewissen Dicke sein. Wir sehen gleichsam hinter die Oberfläche der Dinge hin, hören hinter sie und hören überall strömenden Willen. Für diejenigen, die einmal Schopenhauer gelesen haben, bemerke ich, daß Schopenhauer in einseitiger Weise nur in der Tonwelt diesen waltenden Willen geahnt hat; daher beschreibt er die Musik überhaupt als sozusagen differenzierte Willenswirkungen. Aber in Wahrheit ist für den ergebenen Menschen alles in der Sinneswelt waltender Wille.

Wenn der Mensch dann gelernt hat, in der Sinneswelt überall waltenden Willen zu spüren, dann kann er nun auch weiterdringen. Dann kann er gleichsam durch die Sinneswelt hindurch in die hinter der Sinneswelt befindlichen Geheimnisse dringen, die ihm sonst zunächst entzogen sind.

Um das zu verstehen, was jetzt kommen soll, müssen wir uns zuerst die Frage aufwerfen: Wodurch wissen wir denn überhaupt etwas von der Sinneswelt? Nun, die Antwort ist einfach: durch unsere Sinne; durch das Ohr von der Tonwelt, durch das Auge von der

Farben- und Formenwelt und so weiter. Wir wissen durch unsere Sinnesorgane von der Sinneswelt. Derjenige Mensch, der zunächst in der alltäglichen Weise dieser Sinneswelt gegenübersteht, der läßt diese auf sich wirken und urteilt. Der ergebene Mensch, der läßt die Sinneswelt zunächst auf die Sinne wirken. Dann aber fühlt er, wie von den Dingen waltender Wille zu ihm überströmt, wie er gleichsam schwimmt mit den Dingen in einem gemeinschaftlichen Meer von waltendem Willen. Wenn der Mensch diesen waltenden Willen den Dingen gegenüber fühlt, dann treibt ihn sozusagen seine Entwicklung wie von selbst zu einer nächsthöheren Stufe. Dann lernt er nämlich, weil er ja durchgemacht hat bis zu dieser Ergebung hin die Vorstufen, die wir genannt haben das Sich-in-Einklang-Fühlen mit der Weltenweisheit, die Verehrung, das Staunen, dann lernt er durch das Hineinwirken dieser Zustände in dem zuletzt erlangten Zustand der Ergebung die Möglichkeit, nun auch mit seinem Ätherleib, mit dem, was als Ätherleib hinter dem physischen Leib steht, mit den Dingen gleichsam zusammenzuwachsen. In dem waltenden Willen wächst der Mensch zunächst mit seinen Sinnesorganen, das heißt mit dem physischen Leib mit den Dingen zusammen. Wenn wir die Dinge sehen, hören, riechen usw., dann wirkt das so, daß wir als ergebene Menschen den waltenden Willen wie durch unser Auge, durch unser Ohr in uns einströmen, uns selber in der Korrespondenz mit den Dingen fühlen. Aber hinter dem physischen Auge ist der Ätherleib des Auges und hinter dem physischen Ohr der Ätherleib des Ohres. Wir sind ganz durchdrungen von unserem Ätherleib. So kann geradeso, wie der physische Leib durch den waltenden Willen zusammenwächst mit den Dingen der Sinneswelt, auch der Ätherleib mit den Dingen zusammenwachsen. Aber indem der Ätherleib mit den Dingen zusammenwächst, kommt über den Menschen eine ganz neue Art der Anschauung. Die Welt ist dann in einem viel erheblicheren Maße verändert, als sie verändert ist dadurch, daß wir von dem Sinnenschein vordringen zum waltenden Willen. Da kommen wir dazu, wenn wir mit unserem Ätherleib sozusagen zusammenwachsen mit den Dingen, daß die Dinge in der Welt, wie sie dastehen, auf uns einen Eindruck machen, so daß wir sie in unseren Vorstellungen, in unseren Begriffen nicht so lassen können, wie sie sind, sondern sie verändern sich uns, indem wir mit ihnen in Beziehungen treten.

Nehmen Sie einmal einen solchen Menschen, der durch die Seelenverfassung der Ergebung gegangen ist. Er schaut sich, sagen wir, ein grünes, vollsaftiges Pflanzenblatt an und er wendet nun den Seelenblick auf dieses Blatt. Dann kann er es nun nicht so lassen, dieses grüne, vollsaftige Pflanzenblatt, sondern er fühlt im Moment, wo er es anschaut, daß es über sich selbst hinauswächst. Er fühlt, daß dieses grüne, vollsaftige Pflanzenblatt die Möglichkeit in sich hat, etwas ganz anderes zu werden. Wenn Sie das grüne Pflanzenblatt nehmen, so wissen Sie, daß, wenn es nach und nach in die Höhe wächst, daraus das farbige Blumenblatt wird. Die ganze Pflanze ist eigentlich ein verwandeltes Blatt. Das können Sie schon aus Goethes Naturforschung sich vor die Seele führen. Kurz, derjenige, der also ein Blatt ansieht, der sieht im Blatt, daß das noch nicht fertig ist, daß es über sich hinaus will, und er sieht mehr, als das grüne Blatt ihm gibt. Er wird durch das grüne Blatt so berührt, daß er in sich selber etwas wie sprossendes Leben empfindet. So wächst er mit dem grünen Pflanzenblatt zusammen und empfindet sprossendes Leben. Nehmen wir aber an, er sieht eine dürre Baumrinde an, dann kann er nicht anders mit der dürren Baumrinde zusammenwachsen als dadurch, daß ihn etwas überkommt wie Todesstimmung. Er sieht weniger in der dürren Baumrinde, als sie in Wirklichkeit darstellt. Derjenige, der nur dem Sinnenschein nach die Rinde ansieht, der kann sie bewundern, sie kann ihm gefallen, jedenfalls sieht er nicht das Zusammenschrumpfende, das in der Seele sich gleichsam Spießende, das die Seele wie mit Todesgedanken Erfüllende der abgestorbenen Baumrinde gegenüber.

Es gibt kein Ding in der Welt, dem gegenüber bei einem solchen Zusammenwachsen des Ätherleibes mit den Dingen nicht entstehen würden überall Gefühle des Wachsens, des Werdens, des Sprossens oder aber Gefühle des Vergehens, der Verwesung. So schaut man in die Dinge hinein. Nehmen wir zum Beispiel an, man richtet als solch ergebener Mensch, der sich dann weiter erzieht, den Sinn auf den menschlichen Kehlkopf in irgendeiner Weise, dann erscheint einem der menschliche Kehlkopf in einer merkwürdigen Weise wie ein Organ, das ganz im Anfang des Werdens ist, das eine große Zukunft vor sich hat, und man empfindet es unmittelbar durch das, was der Kehlkopf selber als seine Wahrheit ausspricht, daß er wie ein Same ist, nicht wie eine Frucht oder wie etwas Abdorrendes, sondern wie ein Same. Und es muß einmal – das weiß man unmittelbar durch das, was der Kehlkopf ausspricht – für die Menschheitsentwicklung etwas kommen, wo der Kehlkopf ganz umgestaltet ist, wo er so sein wird, daß, während der Mensch jetzt durch den Kehlkopf nur das Wort aus sich hervorbringt, er einmal den Menschen gebären wird. Er ist das zukünftige Geburtsorgan, das Hervorbringungsorgan. Wie der Mensch durch den Kehlkopf jetzt hervorbringt das Wort, so ist der Kehlkopf die Anlage, das Samenorgan, das künftig sich dazu entfalten wird, den Menschen, den ganzen Menschen hervorzubringen, wenn er vergeistigt sein wird. Das drückt der Kehlkopf unmittelbar aus, wenn man sich von ihm sagen läßt, was er ist. Andere Organe am menschlichen Leibe erscheinen so, daß wir sehen, sie sind längst über ihre Höhe hinübergeschritten; daß wir sehen, sie werden künftig sich gar nicht mehr am menschlichen Organismus finden.

Einem solchen Anschauen drängt sich unmittelbar etwas auf wie Werden in die Zukunft und wie Absterben in die Zukunft hinein. Sprossendes Leben und Verwesung, Absterben, das sind die zwei Dinge, die sich ineinanderschieben gegenüber allem, wenn wir zu diesem Verbinden unseres Ätherleibes mit der Welt der Wirklichkeit kommen. Es ist dies etwas, was für den Menschen dann, wenn er ein wenig weiterkommt, eine schwere, schwere Prüfung bedeutet. Denn ein jegliches Wesen kündigt sich ihm so an, daß er immer gewissen Dingen gegenüber an dem Wesen das Gefühl des Werdens, des Sprossens, Sprießens hat; anderen Dingen gegenüber an diesem Wesen hat er das Gefühl des Absterbens. Und aus diesen zwei Grundkräften kündigt sich alles das an, was wir hinter der Sinneswelt sehen. Man nennt im Okkultismus das, worauf man da schaut, die Welt des Entstehens und Vergehens. Gegenüber der Sinneswelt also schaut man hinein in die Welt des Entstehens und Vergehens, und das, was dahinter ist, ist die waltende Weisheit.

Hinter dem waltenden Willen die waltende Weisheit! Waltende Weisheit sage ich ausdrücklich, aus dem einfachen Grunde, weil die Weisheit, die der Mensch in seine Begriffe hereinbringt, gewöhnlich keine waltende Weisheit ist, sondern eine gedachte Weisheit. Die Weisheit, welche sich der Mensch aneignet, indem er hinter den waltenden Willen schaut, die steht mit den Dingen in Verbindung, und im Reiche der Dinge herrscht da, wo Weisheit waltet, die waltende Weisheit, die ihre Wirkungen wirklich äußert, die wirklich da ist. Da, wo sie sich sozusagen abzieht von der Wirklichkeit, da entsteht das Sterben; wo sie einfließt, da entsteht Werden, da ist Entstehung, sprießendes, sprossendes Leben. Sehen Sie, die Welt, auf die wir hier schauen und die wir sozusagen als die zweite charakterisieren können, wir können sie begrenzen und können sagen: Wir schauen zunächst auf die Sinneswelt als auf die Welt A und auf die der waltenden Weisheit als B, die hinter der Sinneswelt ist. Aus dieser ist die Substanz unseres eigenen Ätherleibes genommen. Das, was wir da draußen nämlich sehen als waltende Weisheit, das erblicken wir in unserem eigenen Ätherleib. Und in unserem eigenen physischen Leib erblicken wir nicht das bloß, was der Sinnesschein ist, sondern auch waltenden Willen, weil wir überall in unserer Sinneswelt waltenden Willen sehen.

Ja, das ist das Eigenartige: Wenn wir als ergebene Menschen einem andern gegenübertreten und ihn anschauen, dann erscheint uns seine Leibesfarbe, ob sie einmal rötlich oder gelblich oder grünlich ist, nicht bloß rötlich, gelblich oder grünlich, sondern so, daß wir dann zum Beispiel mit seiner Rotwangigkeit gleichsam zusammenwachsen, mit der Wirklichkeit zusammenwachsen und den waltenden Willen drinnen haben, das heißt, daß wir all das, was in ihm lebt und webt, wie zu uns herüberschießen sehen durch seine Rotwangigkeit. Die Menschen, die gerade selber gestimmt sind auf Rotwangigkeit zu sehen, die werden sagen: Ein rotwangiger Mensch ist eben der einzig Gesunde. Also dem Menschen selber tritt man so gegenüber, daß man diesen waltenden Willen in ihm sieht, und man kann nun sagen: Unser physischer Leib, wenn wir ihn zunächst hier durch diesen Kreis schematisch andeuten, ist aus der Welt A entnommen; aus der

Welt des waltenden Willens – physischer Leib! Dagegen ist unser Ätherleib, den ich hier durch den zweiten Kreis andeuten will, aus der Welt der waltenden Weisheit, aus der Welt B entnommen. Hier haben Sie also den Zusammenhang charakterisiert zwischen der Welt der waltenden Weisheit, die draußen sich ausdehnt, und unserem eigenen Ätherleib – und der Welt des waltenden Willens, die draußen sich ausdehnt, und unserem eigenen physischen Leib.

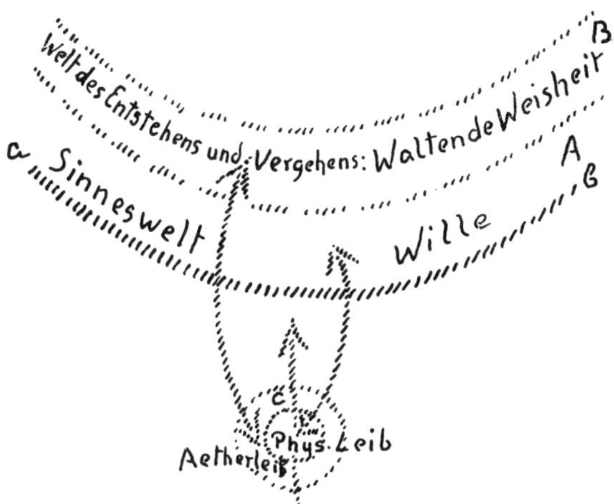

Nun, für das gewöhnliche Leben ist dem Menschen die Macht entzogen, tatsächlich einen Zusammenhang zwischen dem einen und dem andern zu wissen. Sie sehen: Wie ich hier die Dinge aufgezeichnet habe, so ist ein unmittelbarer Zusammenhang zwischen der äußeren Sinneswelt und unserem physischen Leibe, und zwischen der Welt der waltenden Weisheit und unserem Ätherleib. Da sind Zusammenhänge. Aber dem Menschen ist dieser Zusammenhang entzogen, er kann darauf keinen Einfluß haben. Wieso hat er darauf keinen Einfluß? Ja, es gibt nämlich eine Gelegenheit, wo unsere Gedanken und unser ganzes Leben, wie wir es in der Seele als Urteilsleben entwickeln, nicht so, ich möchte sagen, unschädlich sind für unsere eigene Wirklichkeit wie im Alltag.

Im Alltag, im wachenden Zustande, da haben gute Götter dafür gesorgt, daß unsere Gedanken nicht allzu schlimm wirken auf unsere eigene Wirklichkeit, sie haben uns die Macht entzogen, die unsere Gedanken ausüben könnten auf unseren physischen Leib und auf unseren Ätherleib, sonst würde es wirklich recht schlimm in der Welt stehen. Wenn Gedanken – ich betone es nochmals – wirklich das bedeuten würden in der Welt des Menschen, was sie eigentlich als Göttergedanken bedeuten in Wahrheit, dann würde der Mensch mit jedem Irrtum einen kleinen Absterbeprozeß hervorrufen in seinem Innern, und er wäre bald vertrocknet. Und eine Lüge gar! Wenn der Mensch mit jeder Lüge das entsprechende Gehirnstück verbrennen müßte, wie es sein müßte, wenn er in die Welt in Wahrheit eingriffe, dann würde er schon sehen, wie lange sein Gehirn standhielte. Gute Götter haben sozusagen unserer Seele die Macht entzogen über unseren Ätherleib und physischen Leib. Aber es kann das nicht immer sein. Wenn wir nämlich immerfort von unserer Seele aus gar keinen Einfluß ausüben würden auf unseren physischen und Ätherleib, dann würden wir sehr bald fertig sein mit den Kräften, die in unserem physischen und Ätherleibe sind, dann würden wir eine sehr kurze Lebensdauer haben; denn in unserer Seele sind, wie wir sehen werden im weiteren Verlauf der Vorträge, diejenigen Kräfte, die wiederum hineinfließen müssen in den physischen und Ätherleib, die wir da brauchen in dem letzteren Leibe. Daher müssen in gewissen Zeiten Kräfteströme fließen von unserer Seele in den Ätherleib und physischen Leib. Das geschieht nämlich in der Nacht, wenn wir schlafen. Da fließen aus dem Universum auf dem Umwege durch Ich und Astralleib die Ströme, die wir brauchen, um die Ermüdung fortzuschaffen. Da ist tatsächlich dieser lebendige Zusammenhang zwischen der Welt des Willens und der Welt der Weisheit und unserem physischen Leibe und Ätherleibe. Denn da hinein, in diese Welten entschwinden während des Schlafes Astralleib und Ich. Die gehen da hinein, und da drinnen bilden sie Anziehungszentren für die Substanzen, die jetzt hereinströmen müssen aus der Welt der Weisheit in den Ätherleib und aus der Welt des waltenden Willens in den physischen Leib. Das muß in der Nacht geschehen. Wenn nämlich der Mensch wirklich bewußt dabei wäre, da würden Sie sehen, wie dieses Hereinströmen geschehen würde! Wenn der Mensch im allgemeinen bewußt dabei wäre mit seinen Irrtümern und Lastern, mit all dem, was er Böses und so weiter verübt in der Welt, dann würde das ein sonderbarer Fangapparat für die Kräfte sein, die da einströmen sollten. Da würden greuliche Zerstörungen angerichtet werden müssen im Ätherleib und physischen Leib durch das, was der Mensch da hineinsenden würde aus seinem Ich und Astralleib in den physischen und Ätherleib aus der Welt der waltenden Weisheit und der Welt des waltenden Willens.

Daher haben wieder gute Götter dafür gesorgt, daß wir nicht bewußt dabei sein können, wenn in der Nacht hineinströmen muß die richtige Kraft in unseren physischen und Ätherleib. Sie haben nämlich für diesen Zustand das Bewußtsein des Menschen abgedämpft während des Schlafes, damit er durch seine Gedanken, die dann wirken würden, nicht verderben kann, was er ganz zweifellos verderben würde. Das ist auch das, was bei dem Aufstiege in die höheren Welten auf dem Erkenntnispfad, wenn wir gründlich zu Werke gehen, uns die meisten Schmerzen macht. Sie finden ja beschrieben in der Schrift «Wie erlangt man Erkenntnisse der höheren Welten?», wie sozusagen das Nachtleben, das schlafende Leben in gewisser Weise zu Hilfe genommen wird, um aus der Welt der äußeren Wirklichkeit in die höheren Welten aufzusteigen. Da muß der Mensch, wenn er beginnt, aus der Welt der Imagination heraus sich das Schlafbewußtsein zu durchleuchten mit Wissen, mit Erfahrungen, mit Erlebnissen, in der Tat sehen, wie er wegkommt, damit er richtig ausschaltet aus seinem Bewußtsein alle Quellen für die Zerstörung seines physischen und seines Ätherleibes. Das ist es, was die Notwendigkeit hervorruft bei diesem Aufsteigen in die höheren Welten, sich nun wirklich ganz genau zu kennen. Wenn man sich ganz genau kennt, dann hört man meistens auf, sich zu lieben. Die Selbstliebe hört meistens auf, wenn man anfängt, sich zu kennen, und dieses Sichlieben, das ja bei dem Menschen, der nicht zur Selbsterkenntnis gekommen ist, immer vorhanden ist – denn es ist Täuschung, wenn jemand glaubt, daß er sich nicht liebt, er liebt sich mehr als alles andere in der Welt –, diese

Selbstliebe muß man überwunden haben, um sich selbst ausschalten zu können. Man muß tatsächlich bei diesem Aufsteigen in die Lage kommen, sich zu sagen: Wie du nun einmal bist, mußt du dich beseitigen. Man hat dazu schon viel getan dadurch, daß man ergebener Mensch geworden ist. Aber man muß sich gar nicht lieben. Man muß also immer die Möglichkeit haben, zu empfinden: Du mußt dich auf die Seite schieben. Denn wenn du das, was du sonst an dir liebst, was du an Irrtümern, Kleinlichkeiten, Vorurteilen, Sympathien, Antipathien usw. hast, wenn du das nicht beiseiteschieben kannst, dann wird das Aufsteigen so vor sich gehen, daß durch deine Irrtümer, Kleinlichkeiten, Vorurteile – Kräfte sich mischen in das, was einströmen muß, damit man hellsichtig werden kann. Die strömen in deinen physischen und Ätherleib ein; soviel Irrtümer, soviele zerstörende Prozesse gibt es dann. Solange wir kein Bewußtsein im Schlaf haben, solange wir nicht vermögen, in die Welten der Hellsichtigkeit aufzusteigen, solange schützen uns gute Götter davor, daß diese Kräfte in die Strömungen aus der Welt des waltenden Willens und der Welt der waltenden Weisheit in unseren physischen und Ätherleib einströmen. Dann aber, wenn wir unser Bewußtsein hinauftragen in die Welt der Hellsichtigkeit, dann schützen uns keine Götter mehr – denn der Schutz, den sie uns geben, besteht gerade darin, daß sie uns unser Bewußtsein nehmen –, dann müssen wir alles selber beseitigen, was Vorurteile, Sympathien, Antipathien usw. sind. Alles das müssen wir beiseiteschieben; denn wenn wir da noch etwas haben von Eigenliebe, von Wünschen, die uns als Persönliches anhaften, wenn wir in der Lage sind, aus dem Persönlichen heraus dieses oder jenes Urteil zu fällen, dann sind alle diese Dinge Gründe, daß wir unsere Gesundheit, nämlich unseren physischen Leib und Ätherleib, schädigen, indem wir uns in die höheren Welten hinaufentwickeln.

Es ist ungeheuer wichtig, daß wir dies scharf ins Auge fassen. Deshalb können wir die Überzeugung in uns aufnehmen, wie bedeutsam es ist, daß dem Menschen im gewöhnlichen Leben bei Tag ein jeglicher Einfluß auf seinen physischen und Ätherleib entzogen ist, indem unsere Gedanken, so wie wir sie fassen, wenn wir innerhalb des physischen und Ätherleibes sind, mit der Wirklichkeit gar nichts zu tun haben, unwirksam sind und daher auch keine Entscheidung herbeiführen können über das Wirkliche. In der Nacht können sie schon eine Entscheidung herbeiführen. Jeder falsche Gedanke würde den physischen Leib und Ätherleib zerstören. Da würde uns alles das vor Augen treten, was jetzt beschrieben worden ist. Da würde uns die Sinneswelt erscheinen als ein Meer von waltendem Willen, und dahinter würde erscheinen, wie wirksam durch diesen Willen und diesen Willen auf- und abpeitschend, die die Welt konstruierende Weisheit, aber so, daß sie mit ihrem Wellenschlag fortwährend die Prozesse des Entstehens und Vergehens, der Geburt und des Todes hervorruft. Das ist die Welt des Wahrhaftigen, in die wir da hineinblicken, die Welt des waltenden Willens und die Welt der waltenden Weisheit; die letztere aber ist die Welt des Entstehens und Vergehens, der fortwährenden Geburten und der fortwährenden Tode. Das ist ja die Welt, die die unsrige ist und die zu erkennen ungeheuer wichtig ist. Denn erkennt man sie einmal, dann fängt man an, tatsächlich ein wichtiges Mittel zu immer höher und höher gehender Ergebung zu finden, weil man sich eingeflochten fühlt in fortwährende Geburten und fortwährende Tode und weil man weiß: Mit allem, was man tut, steht man in irgend etwas von Entstehen und Vergehen. Und was gut ist, wird dann für den Menschen nicht nur etwas, wovon er sagt: Das ist gut, das erfüllt mich mit Sympathie. Nein, jetzt fängt der Mensch an zu wissen: Das Gute ist etwas im Weltenall, das schöpferisch ist, das die Welt des Entstehens überall bedeutet. Und von dem Bösen fühlt der Mensch überall, daß es sich ausgießende Verwesung ist. Das ist ein wichtiger Übergang zu einer neuen Weltanschauung, in der man das Böse nicht mehr anders fühlen wird können denn als den Würgengel des Todes, der durch die Welt schreitet, in der man das Gute nicht anders wird fühlen können denn als den Schöpfer fortwährender Weltengeburten im großen und kleinen. Und aus der Geisteswissenschaft soll dem Menschen, indem er das begreift, was so gesagt werden kann, eine Ahnung davon aufgehen, wie sehr man durch diese Geisteswissenschaft, durch diese spirituelle Weltanschauung, seine Weltanschauung überhaupt vertiefen kann, indem unmittelbar in das Gefühl fließt: Die Welt des Guten und die Welt des Bösen sind nicht bloß das, als was sie in der äußern Maja uns erscheinen, wo wir mit der Urteilskraft nur vor dem Bösen und dem Guten stehen und nichts anderes finden, als daß das eine sympathisch und das andere antipathisch ist. Nein, die Welt des Guten ist die Welt des Schöpferischen, und das Böse ist der Würgengel, der mit der Sense durch die Welt geht. Und mit jedem Bösen werden wir Helfer des Würgengels, nehmen wir selber seine Sense und beteiligen uns an den Todes-, an den Verwesungsprozessen. Kräftigend wirken auf unsere ganze Weltanschauung die Begriffe, die wir aufnehmen aus spiritueller Grundlage. Das ist das Starke, das die Menschheit aufnehmen soll von der Gegenwart an in die Kulturentwicklung der Zukunft, denn das werden die Menschen brauchen. Bisher sorgten gute Götter für die Menschen, jetzt aber ist die Zeit gekommen in unserer fünften nachatlantischen Kulturepoche, wo dem Menschen mehr oder weniger die Schicksale, wo ihm wieder Gut und Böse in die Hand gegeben werden. Dazu ist nötig, daß die Menschen wissen werden, was das Gute bedeutet als schöpferisches, und was das Böse bedeutet als todbringendes Prinzip.

DRITTER VORTRAG

Hannover, 29. Dezember 1911

Aus dem gestrigen Vortrage konnten wir ersehen, wie des Menschen physischer Leib zusammenhängt mit dem, was wir unsere Sinneswelt nennen. Wir haben gesehen, daß der menschliche physische Leib sozusagen aus derselben Substanz ist, die wir in der äußeren Sinneswelt finden und die uns gestern entgegengetreten ist eigentlich als Wille. So daß wir sagen können: In der äußeren Sinneswelt haben wir waltenden Willen und auch im menschlichen physischen Leib haben wir zunächst der Wahrheit nach waltenden Willen. Und insofern ist ja der menschliche physische Leib auch ein Teil der äußeren Sinneswelt. Hinter der Sinneswelt haben wir gefunden die Welt des Entstehens und Vergehens und haben in ihr als ihre wahre Gestalt gefunden dasjenige, was wir nennen können waltende Weisheit. Und aus dieser Substanz der waltenden Weisheit ist eigentlich wiederum das gebildet, was wir den menschlichen Ätherleib nennen. Nun ist ja eingefügt in diesen menschlichen Ätherleib und physischen Leib dasjenige, was wir nennen den astralischen Leib und das Ich, denn der Gesamtmensch ist so, wie er uns auf der Erde entgegentritt, eine Zusammenfügung, eine gesetzmäßige Zusammenfügung von physischem Leib, Ätherleib, astralischem Leib und Ich.

Wir müssen hier an dieser Stelle eine Betrachtung einfügen, die vielleicht, sagen wir, für die heutige Stunde etwas schwierig sein könnte, die aber, wenn sie einmal gemacht ist, uns außerordentlich tief hineinführt in das Verständnis der Welt und namentlich des menschlichen Wesens als solchem. Wir werden von vornherein voraussetzen können, daß physischer Leib, Ätherleib, astralischer Leib und Ich in einer gewissen Weise zusammengefügt sein müssen. Nun, derjenige, der auf Grundlage entwickelten Hellsehertums sich einlassen kann auf eine Betrachtung dieser Zusammenfügung der vier Glieder der menschlichen Natur, der bekommt, wenn er den Menschen so betrachtet, wie er nun einmal ist in der Welt, den Eindruck – wir werden schon sehen, wie wichtig es ist, diesen Eindruck einmal zu berücksichtigen –, wie eigentlich diese vier Glieder der menschlichen Natur unregelmäßig zusammengefügt sind. Sie sind im heutigen Menschen so zusammengefügt, daß man sagen muß: Es muß einmal in diese Zusammenfügung irgendeine Unordnung gekommen sein. – Also wohl gemerkt, das Folgende soll gesagt werden: Man erhält durch eine Untersuchung der vier Glieder der menschlichen Wesenheit den Eindruck: die stecken eigentlich nicht so ineinander, wie sie zueinander gehörten, sondern die stecken unordentlich ineinander, da ist einmal Unordnung hineingekommen. Diesen Eindruck erhält man. Und Sie können, gerade wenn dieser Punkt von den Geheimnissen des Lebens berührt wird, wiederum einmal sehen, welche unendlichen Tiefen die richtig verstandenen okkulten religiösen Urkunden in sich tragen.

Wir werden nämlich nach und nach sehen, daß das, was mit dieser Unordnung gemeint ist, ganz wunderbar ausgedrückt ist in der Bibel mit den Worten, die Luzifer zum Menschen sagt, wenn er ihn verführen, versuchen will: Eure Augen werden aufgetan werden und ihr werdet unterscheiden das Gute und das Böse. – In diesen Worten liegt etwas ungeheuer Tiefes. Es soll das nicht nur heißen: Eure Augen sollen aufgetan werden. Die Augen stehen hier als Repräsentanten der Sinne überhaupt. Wenn wir das Wort des Luzifer in der richtigen Weise verstehen, so können wir es in der folgenden Weise übersetzen: Alle eure Sinne werden anders wirken, als sie eigentlich wirken sollten, wenn ihr nur den Göttern folgen wolltet und nicht mir – nämlich dem Luzifer. In einer andern Gestalt sozusagen wirken durch den Einfluß des Luzifer die Sinne, als sie sonst wirken würden. Ja, es ist allerdings außerordentlich schwer für den gegenwärtigen Menschen, sich vorzustellen, wie diese Sinne wirken, und ich werde schon manches Groteske sagen müssen, wenn ich Ihnen klarmachen will, wie diese Sinne eigentlich wirken würden, wenn nicht die Unordnung eingetreten wäre in der Zusammenfügung der vier Glieder der menschlichen Natur durch Luzifer. Man muß Groteskes sagen aus dem Grunde, weil ja die Menschen sich gar nicht denken können, so wie sie nun einmal sind, daß irgend etwas anderes eigentlich richtig wäre von Anfang an als das, was die Menschen eben gegenwärtig erleben. Was könnte für den gegenwärtigen Menschen natürlicher und selbstverständlicher sein, als daß, wenn man die Frage aufwirft: Wozu gehören eigentlich die Augen des Menschen? – er die Antwort gibt: Nun, selbstverständlich zum Sehen. Und man könnte sagen, es hat schon in gewissem Sinn, nicht wahr, ein Mensch das Recht, einen für einen Narren zu halten, wenn man ihm sagt: Die Augen gehören nicht zum Sehen! In Wirklichkeit sollten vom Ursprung der Erdenentwicklung aus des Menschen Augen gar nicht zum Sehen gehören. Sie sind so zum Sehen geworden, wie sie heute sehen, erst durch die Verführung des Luzifer. Nämlich das, was eigentlich Sehkraft des Menschen ist, das sollte nicht das Auge durchdringen und nach außen gehen bis zu den sogenannten Dingen, sondern es sollte eigentlich nur gehen bis ans Auge heran, und der Mensch sollte eigentlich bei jedem Sehakt, bei jeder Tätigkeit des Sehens, wenn es nach den ursprünglichen Absichten der Götter – lassen Sie mich diesen Ausdruck gebrauchen – gegangen wäre, er sollte sich eigentlich bei jedem Sehakt unmittelbar seines Auges wirklich bewußt werden, das heißt, er sollte nicht ein äußeres Ding sehen, sondern sollte eigentlich sein Auge empfinden. Er sollte sich der Tätigkeit bewußt werden, die im Auge als solchem vorgeht, während er sich heute der Tätigkeit des Sehens nicht bewußt ist, sondern sich erst dessen bewußt wird, was da geschieht durch die Tätigkeit des Auges: Er wird sich bewußt, was als äußerer Gegenstand ihm entgegentritt. Aber der Mensch sollte sich viel früher schon in seinem Sehen selber verfangen als erst da beim Gegenstande: er sollte sich schon im Auge seiner bewußt werden. Die Tätigkeit des Auges als solche sollte er fühlen.

Das kann der Mensch eigentlich heute kaum beim Auge, wenn er nicht eine besondere okkulte Entwicklung durchgemacht hat. Mit der Hand kann der Mensch das; denn der Mensch kann wenigstens unterscheiden, ob er mit der Hand auf einen Gegenstand aufgreift oder ob er die Hand nur frei bewegt, zwecklos, so daß er sich nur der eigenen Tätigkeit der Hand bewußt wird. Wenn der Mensch bloß seine Sehkraft nach dem Auge richtet, nun, dann sieht er nichts. Das ist beim heutigen Menschen so der Fall; aber so ist es ursprünglich nicht beabsichtigt gewesen, sondern so, daß der Mensch, wenn er sein

Auge in Betracht zieht oder sein Ohr, kurz, irgendein Sinnesorgan, den waltenden Willen wahrnimmt, wirklich im waltenden Willen geradezu schwimmt und das erkennt an der Eigenart, wie das sein Auge berührt. Ganz ähnlich sollte es mit dem Auge ergehen, wie es mit der Hand ist. Wenn Sie etwas ergreifen, so spüren Sie, daß der Gegenstand hart ist, wenn Sie ihn schwer überwinden können, daß er weich ist, wenn Sie leicht seine Härte überwinden können. Aber Sie spüren eigentlich das, was Sie mit Ihrer Hand tun. So wäre das Auge auch. Man würde das Auge nur spüren, das Auge sozusagen unmittelbar empfinden als im Zusammenhang stehend mit dem waltenden Willen, wenn der Ätherleib richtig in den physischen Leib eingeschaltet wäre.

Nun ist der Ätherleib nicht richtig eingeschaltet in den physischen Leib. Das ist das Eigenartige, daß der Ätherleib nicht richtig eingeschaltet ist in den physischen Leib. Aber dies ist nur ein Beispiel für die Unordnung, die im Menschen ist. Es ist überhaupt kein Leib der menschlichen Wesenheit in die anderen Leiber ordentlich eingeschaltet, sondern es ist sozusagen alles im Menschen in Unordnung. Wenn nicht der luziferische Einfluß geschehen wäre am Ausgangspunkt der Erdenentwicklung, dann wäre alle Einschaltung der vier Glieder der menschlichen Wesenheit eine andere geworden. Und das ist, was wir uns heute klarmachen wollen, daß etwas ganz Besonderes geschehen ist durch die Unordnung, die da eingetreten ist durch den Luzifer-Einfluß in dem Zusammenschluß der vier Glieder der menschlichen Natur.

Wir wollen uns das auf folgende Weise klarmachen. Ich will zunächst die Sache schematisch ausdrücken, will mich schematisch behelfen (siehe Schema Seite 61). Nehmen wir zuerst das Verhältnis des physischen Leibes und des im physischen Leib eingeschalteten Ätherleibes. Wenn der Ätherleib ganz regulär, wie es ursprünglich beabsichtigt war von den leitenden Göttern, hineinergossen wäre in den physischen Leib, dann würde der Mensch ringsherum um sich etwas erleben – ja, wir haben schwer Worte für die Dinge, weil die Dinge eben nicht wirklich sind – wie ein fortdauerndes Rieseln von waltendem Willen. Differenzierten, waltenden Willen würde der Mensch überall wahrnehmen, und er würde einen gewissen Unterschied in den Willenswirkungen wahrnehmen, je nachdem er sich bewußt wird, daß er die Organe seiner Augen, seiner Ohren und dergleichen auf die Welt richtet. Diese Organe in ihrer Verschiedenheit würden ihm nur Gelegenheit geben, in anderer Weise den Willen zu erleben, aber rieselnden Willen würde der Mensch überall empfinden. Das würde dann geschehen, wenn, wie gesagt, der Ätherleib ordentlich, wie es beabsichtigt war von den leitenden Göttern, in den physischen Leib eingeschaltet wäre. Das ist aber nicht der Fall, sondern es ist so, daß der Ätherleib nicht vollständig in dem menschlichen physischen Leib drinnen ist, daß er sozusagen im physischen Leib ein Stück sich selbst überlassen hat; daß er also nicht vollständig diesen physischen Leib durchdringt, sondern daß der physische Leib in einer gewissen Beziehung ein Übergewicht hat an eigener Tätigkeit, das er nicht haben sollte. Es gibt also sozusagen Stellen in dem menschlichen physischen Leib, die nicht vollständig vom Ätherleib so durchdrungen sind, wie sie durchdrungen sein sollten nach der ursprünglichen Absicht der die Erdenentwicklung leitenden göttlich-geistigen Wesenheiten. Und diese Stellen, wo der physische Leib nicht ordentlich durchdrungen ist vom Ätherleib, sind diejenigen, wo sich die Sinnesorgane ausbilden. Und weil das so gekommen ist, haben die Sinnesorgane ihre heutige Gestalt. Daher findet sich bei jedem Sinnesorgan dieses höchst Merkwürdige, daß da rein physikalische Wirkungen auftreten, die sozusagen wie ausgeschlossen sind von den allgemeinen Lebenswirkungen.

Denken Sie doch, daß Sie im Auge etwas haben, was Sie vergleichen können mit den rein physikalischen Wirkungen einer Dunkelkammer, eines photographischen Apparates. Es ist so, wie wenn ein Stück des physischen Leibes herausgenommen wäre aus der allgemeinen Durchdringung mit dem Ätherleibe. Das ist auch der Fall. Ebenso ist es mit dem eigentümlichen inneren Ohr, wo im Ohrlabyrinth so etwas wie eine Klaviatur vorhanden ist. Der Ätherleib ist gleichsam zurückgeschoben worden und es sind Eigenleistungen physischer Natur im physischen Leib, die nicht in der entsprechenden Weise durchdrungen werden vom Ätherleib, und dadurch entsteht das, was wir die Sinnesempfindungen nennen. Farben werden dadurch erlebt, daß der Ätherleib für das Auge nicht in der ordentlichen Weise das Organ durchdringt und daß da innerhalb der Organisation rein physische Wirkungen eingeschlossen sind. Und so ist es bei allen Sinnen, daß ein Übergewicht des physischen Leibes über den Ätherleib stattfindet. So daß wir sagen können: Wir haben es erstens zu tun mit dem Eigentümlichen, das wir in dem Verhältnis zwischen physischem und Ätherleib nennen können ein Übergewicht des physischen Leibes über den Ätherleib. Wäre dieses Übergewicht des physischen Leibes nicht vorhanden, dann wäre die ganze um uns ausgebreitete Sinneswelt, so wie sie heute ist, nicht vorhanden, sondern der Mensch stünde mit der umliegenden Welt so in Verbindung, daß er alles als rieselnden, wogenden, waltenden Willen wahrnehmen würde. Wenn ein solches Überwiegen des physischen Leibes über den Ätherleib nicht der Fall wäre, würde er sich gar nicht passiv, sondern aktiv fühlen, so wie er sich aktiv fühlt, wenn er seine Hand ausstreckt. Das ist also eine außerordentlich interessante Tatsache, die sich wirklich einer höheren, einer okkulten Beobachtung der menschlichen Wesenheit ergibt: daß alle Sinneswelt darauf beruht, daß gleichsam der Ätherleib zurückgeschoben worden ist von den Sinnesorganen und daß da etwas eingelagert ist, was bloße physische Welt ist in uns.

Nun kommen wir zweitens zu dem Verhältnis von Ätherleib und Astralleib. Das ist nun wiederum nicht so, daß in der richtigen Weise der Astralleib den Ätherleib durchdringt, sondern wieder gibt es ein Übergewicht des Ätherleibes über den Astralleib in der menschlichen Natur. Ein Übergewicht des Ätherleibes über den astralischen Leib kann man mit einer geringfügigen Hellseherkraft schon sehr bald untersuchen. Dazu gehört gar nicht besonders viel: nämlich wenn es ein solches Übergewicht nicht gäbe, würde unter vielem anderen der Mensch niemals weinen können. Er könnte nicht weinen. Sofort, wenn man einen weinenden Menschen beobachtet, einen Menschen, der diese sonderbare salzige Flüssigkeit aus den Augendrüsen absondert, da merkt man, daß in diesem Falle eine zu große Tätigkeit des Ätherleibes gegenüber der eingefügten Tätigkeit des astralischen Leibes vorhanden ist. Der Mensch kann das, was er astralisch erlebt, nicht vollständig in seinen Ätherleib hineinleben, der Ätherleib hat ein Übergewicht über den astralischen Leib, und dieses Übergewicht drückt sich dadurch aus, daß der Ätherleib zurückwirkt auf den physischen Leib und ihm die Tränen auspreßt. Aber so ist es nun mit aller Drüsenabsonderung, mit all dem, was überhaupt drüsenartige Absonderungsprozesse im Menschen sind. Die alle beruhen auf einem Übergewicht des Ätherleibes über den astralischen Leib. Und dieses Übergewicht, dieses gestörte Gleichgewicht, das drückt sich so aus in seiner Fortsetzung auf den physischen Leib, daß eben all die Absonderungen der Drüsen erfolgen. Sonst würde nämlich nicht eine Absonderung stattfinden in der Drüsentätigkeit, sondern es würde sich die Tätigkeit des astralischen Leibes, wenn sie sich decken würde mit dem Ätherleib, in der inneren Beweglichkeit und in der inneren Tätigkeit der Drüsen erschöpfen. Die Drüsen würden nichts aus sich auspressen, sondern sie würden in sich selber sich erschöpfen. Ein Auspressen einer Materie würde nicht stattfinden. Sie sehen also, daß ganz gewaltig sich zeigen vor einer okkulten Beobachtung die Folgen der luziferischen Verführung. Es würde zum Beispiel der Mensch, wenn Luzifer nicht eingetreten wäre in die Weltordnung, niemals schwitzen – verzeihen Sie den harten Ausdruck –, sondern es wäre, entsprechend der Tätigkeit, die da stattfindet, eine im Innern, im Innern der betreffenden Organe sich erschöpfende Tätigkeit, Bewegung; es würde nichts nach außen dringen aus der Drüse. So daß wir sagen können: Wir haben zweitens ein Übergewicht des Ätherleibes über den astralischen Leib.

Wenn wir die eigentümliche Natur unserer Sinneswelt ableiten aus dem ersten Übergewicht, indem wir sagen: Das Übergewicht des physischen Leibes über den Ätherleib, das bewirkt eigentlich das eigentümliche Aussehen unserer Sinneswelt, so können wir sagen: Dasjenige, was Übergewicht des Ätherleibes über den astralischen Leib ist, das bewirkt, was wir nennen können unsere gefühlsmäßige Eigenempfindung. Denn die Gesamtempfindung, das Gesamtbefinden des Menschen, sofern es sich in dem Leibesbefinden ausdrückt, das kommt durch dieses Übergewicht des Ätherleibes über den astralischen Leib zustande. Also das rein körperliche Befinden, das körperliche Gesamtgefühl, das ist das, was subjektiv zum Ausdruck bringt dieses Übergewicht.

Wenn wir nun die Betrachtung fortsetzen wollen, dann dürfen wir nicht schematisch vorgehen. Denn, nicht wahr, derjenige, der jetzt schematisch vorgehen würde, der würde es leicht haben, der würde sagen: Nun ja, da hat er konstruiert ein Übergewicht des physischen Leibes über den Ätherleib, dann ein Übergewicht des Ätherleibes über den Astralleib, jetzt käme als Drittes ein Übergewicht des Astralleibes über das Ich. Das würde ein Aufstellen eines Schemas nach reinen Verstandesgrundsätzen bedeuten, aber man kommt dadurch zu nichts. So darf man die Betrachtung nicht fortsetzen. Es ist tatsächlich so, daß, wenn man bei okkulten Tatsachen irgend etwas mitgeteilt erhält und das dann durch den Verstand schematisch fortsetzen will, es dann der Wirklichkeit gegenüber doch immer anders kommt. Es geht nicht, mit dem Verstand fortzusetzen, es geht manchmal ein Stück lang, dann kommt es aber wieder anders. Nämlich jetzt muß man als Drittes annehmen ein umgekehrtes Übergewicht, ein Übergewicht des astralischen Leibes über den Ätherleib. Jetzt muß als Drittes noch einmal in Betracht gezogen werden das Verhältnis des astralischen Leibes zum Ätherleibe, und dann kommt wiederum für die okkulte Beobachtung ein Übergewicht des Astralleibes über den Ätherleib.

Dieses Übergewicht, das ist sogar zunächst das Allerwichtigste in bezug auf die menschliche Beobachtung. Denn sehen Sie, wenn Sie den Menschen im allergröbsten Sinn betrachten, nämlich, ich möchte sagen so recht materialistisch, so könnte sich Ihnen der Mensch eigentlich so darstellen, wie er wirklich in manchen materialistischen Büchern geschildert ist: als ein recht großer Verdauungsapparat, als ein Apparat, der ißt und verdaut und seinen Körper aufbaut aus den Substanzen, die er durch Essen aufgenommen hat und die er in der verschiedensten Weise verarbeitet hat und so weiter. Tatsächlich, in den materialistischen Weltanschauungen finden Sie den Menschen kaum viel anders geschildert als so, daß er ein großer Verdauungs- und Eßapparat ist, also ein Apparat, der Stoffe aufnimmt von außen und sie im Innern verarbeitet, sie in der verschiedensten Weise verteilt auf die Muskeln, Knochen, Sehnen und so weiter. Wenn man den Menschen im Groben betrachtet, wenn man absieht von dem, was der Mensch dadurch ist, daß er eine sinnliche Welt wahrnimmt, daß er in einem körperlichen Gesamtgefühl gewisse Drüsenabsonderungen wahrnimmt, und überhaupt, wenn man nur auf das Grobe der Nahrungsaufnahme sieht, auf das, was mit den Stoffen vorgeht von ihrer Aufnahme durch den Mund bis zu ihrer Verarbeitung zum Blut und zum Umlauf dieses Blutes – wenn man das, was der Mensch im Groben ist, in Betracht zieht, so ist dies der materielle Prozeß, der letzten Endes der physische Ausdruck ist für das, was als Übergewicht existiert des astralischen Leibes über den Ätherleib. Nämlich Sie erinnern sich, daß wir, wenn wir die Welt überhaupt geistig betrachten, hinter jedem Sinnlichen ein Geistiges sehen müssen. Das Sinnliche ist eigentlich nur die äußere Erscheinung. Hinter all diesen groben Vorgängen der Nahrungsaufnahme und -verarbeitung haben wir als geistige Kräfte zu sehen das Übergewicht des astralischen Leibes über den Ätherleib. So daß wir sagen können: Es drückt sich dieses Übergewicht des astralischen Leibes über den Ätherleib aus in den normalen organischen Lebensvorgängen, insofern diese physisch sind; also in den normalen physisch-organischen Lebensvorgängen.

Ja, sehen Sie, da haben wir etwas Sonderbares herausbekommen. Ich bitte Sie, dieses Sonderbare recht zu betrachten. Sie müssen sich nämlich klarmachen: Das, was der Materialismus oftmals als den ganzen Menschen ansieht, das, was eigentlich die Hauptsorge weitaus der meisten Menschen ist – Nahrung aufzunehmen und die Stoffe nach den verschiedenen Organen des Körpers zu tragen –, das ist durch nichts anderes überhaupt vorhanden als dadurch, daß durch den luziferischen Einfluß einmal eine solche Verschiebung stattgefunden hat, die ein Übergewicht des astralischen Leibes über den Ätherleib hervorgerufen hat. Das heißt, wenn es den Luzifer nicht gegeben hätte am Anfang der Menschheitsentwicklung und der nicht in der charakterisierten Weise den astralischen und den Ätherleib verschoben hätte, so würde der Mensch in der heutigen Weise nicht essen und verdauen und die Stoffe verarbeiten, wie er das tut. Das also, was als materialistische Hauptsache beim Menschen angesehen wird, ist eine rein luziferische Tat, ist überhaupt nichts anderes als das Produkt einer Verschiebung zwischen Astralleib und Ätherleib, so daß der Astralleib etwas abgekriegt hat an Tätigkeit durch Luzifer, wodurch er ein Übergewicht erlangt hat über den Ätherleib. Das hat ihm Luzifer gegeben, und dadurch nämlich ist der Mensch überhaupt dazu gekommen, grobe Nahrungsmittel aufzunehmen. Der Mensch war gar nicht dazu bestimmt, grobe Nahrungsmittel aufzunehmen, sondern er sollte eine Daseinsart bilden, eine Daseinsstufe haben, auf der er gar nicht grobe Nahrungsmittel aufzunehmen brauchte.

Wunderbar drückt uns diese Tatsache aus, daß durch die Versuchung des Luzifer bewirkt worden ist, was wir nennen können die Vertreibung aus dem Paradiese. Denn im Paradiese sein heißt nichts anderes, als ein geistiges Wesen zu sein und nicht nötig zu haben, physische Nahrungsmittel aufzunehmen und sie in sich zu verarbeiten. Das ist die Vertreibung aus dem Paradiese, was den weitaus meisten materialistisch gesinnten Menschen als die höchste Lust erscheint. Die Menschen sind nicht nur dadurch gestraft worden, daß sie sozusagen Nahrungsmittel aufnehmen und verarbeiten müssen, sondern sie sind doppelt gestraft, weil das, was in den Symbolen der Bibel den ersten Menschen als der größte Verlust erschien: daß sie heraus mußten aus dem Paradies und physische Nahrung aufnehmen, für die weitaus meisten Menschen der größte Genuß geworden ist. So sehr haben sich die Menschen verändert, daß sogar das Sein außer dem Paradies für sie die größte Lust geworden ist. Das ist allerdings sonderbar, daß man sich diese Dinge klarmachen muß, aber man muß es.

Endlich kommen wir zu einem Vierten. Das ist jetzt ein Verhältnis des Ich zum astralischen Leib, und da tritt durch die luziferische Verschiebung ein Übergewicht des Ich ein über die Tätigkeit des astralischen Leibes. Sie sehen, was wir nicht haben: Wir haben kein eigentliches Übergewicht des astralischen Leibes über das Ich. Das ist eben nicht vorhanden. Man darf das nicht schematisch konstruieren, sondern man muß nach der Beobachtung vorgehen und wissen, daß die Beziehung zwischen dem Astralleib und Ätherleib doppelt vorhanden ist, und hier nur so, daß wir ein Übergewicht des Ich über den astralischen Leib haben. Das heißt, daß das Ich sich nicht so zum astralischen Leib verhält, wie es eigentlich ursprünglich beabsichtigt war, bevor der luziferische Einfluß eintrat, sondern daß es egoistischer ist, ichlicher ist, als es hätte sein sollen. Es ist egoistischer, es ist ichlicher geworden, als es hätte sein sollen. Das geschah durch den luziferischen Einfluß. Was geschah denn da eigentlich, daß dieses Übergewicht stattfand, welches das vierte ist in dem, was wir angeführt haben, – was geschah denn da eigentlich? Da müssen wir nun ins Auge fassen, wie das ordentliche Verhältnis wäre zwischen dem Ich und dem astralischen Leibe.

Dieses ordentliche Verhältnis, das kann man allerdings nur erkennen, indem man es sozusagen wiederherstellt. Denn so, wie der Mensch einmal heute in der Welt ist, wie er also unterlegen ist dem luziferischen Einfluß, so ist eben das Verhältnis des Ich zum astralischen Leib kein ordentliches, sondern es ist ein Übergewicht des Ich da. Der Mensch ist ichlicher, als er sein sollte – verzeihen Sie die Wortbildung, aber sie ist eine ganz entsprechende. Nun haben wir nämlich die Betrachtung schon angestellt, die uns dazu führt, wie das Ich eigentlich sein sollte. Es wird das Ich so, wie es ein regelmäßiges Verhältnis gibt, wenn der Mensch in weiser und energischer und geduldiger Selbstzucht sich aneignet die Dinge, die genannt worden sind als Staunen, als Verehrungsgefühl für das Erforschte, als Gefühl des weisen Einklanges mit den Welterscheinungen und als Ergebung. So wie dann das Ich steht zum astralischen Leib, so macht es für unsere unbefangene Beobachtung den Eindruck: Jetzt steht das Ich richtig, jetzt hat das Ich rückgängig gemacht, was durch den luziferischen Einfluß eingetreten war. Nur dadurch, daß man bis zur höchsten Stufe diese vier genannten Eigenschaften der Seele ausbildet, kann man das ursprüngliche Verhältnis wiederum herstellen. Und wie steht denn dann das Ich zum astralischen Leib? Ja, sehen Sie, das ist eben das Eigentümliche. Sie können das schon entnehmen, wenn Sie gewisse Kapitel aus dem Buche «Wie erlangt man Erkenntnisse der höheren Welten?» mit Aufmerksamkeit verfolgen: In dem Zustand, wie der Mensch heute ist, ist er eigentlich fortwährend innig verwoben mit seinem Denken, Fühlen und Wollen. Man kann kaum leicht, nicht wahr, einen Zustand finden im äußeren Bewußtsein, wo der Mensch eigentlich bloß in seinem Ich ist, wo er nicht verwoben ist mit Denken, Fühlen und Wollen. Verlangen Sie nur einmal von sich selber, daß Sie den reinen Gedanken des Ich fassen wollen. Unsere anthroposophischen Freunde, die keuchen fast unter der Anstrengung, den reinen Gedanken des Ich zu fassen, wenn Dr. Unger immer wieder und wiederum verlangt, man soll diesen reinen Gedanken des Ich, abgesehen von all unserem Denken, Fühlen, Wollen, nun wirklich denken. Es ist ein förmliches Die-Puste-Verlieren, wie man in Norddeutschland sagt.

Sie sehen daraus die Schwierigkeit, zu diesem Ich nur als Gedanken zu kommen, geschweige denn es wirklich herauszuschälen aus diesem Denken, Fühlen und Wollen. Wenn der Mensch so in seiner Seele für gewöhnlich ist, dann schießen diese Gedanken-, Gefühls- und Willensäußerungen durch die Seele; dann auch die Begierden. Da ist er nie abgesondert mit seinem Ich von Denken, Fühlen und Wollen. Das ist es aber, was man durch die vier geschilderten Zustände erreicht: außerhalb des Denkens, Fühlens und Wollens stehen zu können und dies anschauen zu können wie irgend etwas außer uns. So gleichgültig müssen uns unsere eigenen Gedanken werden wie Gegenstände außer uns –, wenn wir nicht mehr sagen: Ich denke, sondern wenn uns unser Denken wie ein sich abspielender Prozeß erscheint, der uns eigentlich gar nichts angeht. Und ebenso muß es mit Fühlen und Wollen werden. Jeder Mensch, der nur ein klein wenig nachsinnt über seine Seeleneigentümlichkeiten, der muß sich sagen: So etwas kann man sich als Ideal vorstellen, als ein Ideal, das erfüllbar ist. Aber es ist der Mensch tatsächlich so vermischt mit seinem Denken, Fühlen und Wollen, daß er sich außerordentlich schwer herauskriegt und es ihm schwierig wird, mit der Gesinnung durch die Welt zu gehen: Da gehe ich durch die Welt und nun führe ich auch noch immer so einen zweiten Gesellen mit mir, der mir anhängt, weil ich mit ihm verwachsen bin, aber der mir wie eine Art Doppelgänger erscheint. Da denkt's, fühlt's, will's neben mir. Ich bin doch ein anderer, ich bin das, was ich in meinem Ich bin; ich gehe nebenher neben dem, was ich wie eine Dreiheit, wie drei Säcke mit mir herumtrage, von denen der eine ausgefüllt ist mit meinem Denken, der andere mit meinem Fühlen und der dritte mit meinem Wollen. Aber bevor man nicht gekommen ist zu der Praktizierung dieser «Drei-Säcke-Theorie», kann man sich keinen rechten Begriff machen von dem Gegenüberstehen des Ich zum Denken, Fühlen und Wollen, wie es ursprünglich beabsichtigt war von den göttlichen Wesen, bevor der luziferische Einfluß an den Menschen herangekommen ist. Zum Zuschauer seiner selbst war der Mensch bestimmt, nicht zum In-sich-Erleben.

Worin hat denn die eigentliche Versuchung, die ursprüngliche Versuchung bestanden? Sagen wir es uns so trivial als möglich: Darin hat sie bestanden, daß Luzifer – ich werde jetzt ein wenig übersetzen – herangetreten ist an dieses menschliche Ich, das der Mensch hätte erhalten sollen in seiner Reinheit neben dem Astralleib, der ihm schon auf dem Mond gegeben war, und gesagt hat: Sieh einmal, Mensch, das ist langweilig, da immer nur mit diesem einzigen Mittelpunkt «Ich-bin» herumzuwandeln und alles übrige nur anzuschauen. Viel kurzweiliger ist es, du tauchst unter in deinen Astralleib. Ich gebe dir die Kraft dazu, hineinzutauchen in deinen Astralleib, und du bleibst nicht einseitig stehen mit deinem Ich und schaust nur immer hin auf deinen Doppelgänger, sondern tauchst unter in ihn. Und was über dich kommen würde, indem du untertauchst in deinen Astralleib, was wie ein Ertrinken sich ausnehmen würde, das ersetze ich dir, indem ich dir von meiner Kraft etwas gebe. – Da tauchte das Ich unter, und damit es nicht ertränke, bekam es eingeimpft die luziferische Kraft. Und was sich der Mensch aufgenommen hat an luziferischer Kraft, das ist der Überschuß des Ich über den Astralleib, das ist die größere Ichlichkeit, die eigentlich eine Luziferität ist.

Und was ist sie denn in Wirklichkeit, wie tritt sie uns im Leben entgegen? Ja, zunächst tritt uns diese Luziferität, diese übergroße Ichlichkeit im Leben dadurch entgegen, daß wir eben vermischt sind, sagen wir, zunächst mit unseren Gedanken, dann auch mit unseren Gefühlen und Willensimpulsen. Zunächst mit unseren Gedanken. Ja, sehen Sie, der Mensch wäre überhaupt niemals – verzeihen Sie jetzt den für die Außenwelt verrückten, aber bezeichnenden Ausdruck –

zu der vertrackten Idee gekommen, daß er eine Vernunft in sich habe, daß er Gedanken hege in sich, wenn nicht Luzifer damit herangetreten wäre; sondern er hätte gewußt, daß die Gedanken außer ihm sind, daß er also anschauen muß das Denken. Der Mensch würde immer betrachtet haben, bis der Gedanke gegeben ist, bis geoffenbart ist, was mit dem Denken gemeint ist. Das ist zum Beispiel in meiner «Philosophie der Freiheit» dargestellt. Der Mensch würde nicht auf die Idee gekommen sein: Du sollst allerlei Gedanken zusammenfügen, du sollst in dir urteilen. Das Urteilen in sich, unabhängig von aller Offenbarung, ist ein luziferisches Wesen in uns. So ist die ganze Vernunft, insofern der Mensch sie als seine Eigenheit betrachtet, eigentlich ein Irrtum, es ist bloß durch die luziferische Verführung in den Menschen die Idee hineingekommen, daß er Vernunft haben soll. Und jetzt werden Sie es verstehen, daß in einer gewissen Weise diese Vernunft auch durch eine Verschiebung entstanden ist, daß diese Vernunft durchaus nicht als das Maßgebende für alle menschliche Erfassung des Wirklichen aufgestellt werden kann.

Ich habe in Karlsruhe darauf aufmerksam gemacht, daß es für einen Menschen, der auf seine Vernunft baut, ganz begreiflich erscheint, wenn er sagt: Ja, wenn ich begreifen will die Auferstehung beim Mysterium von Golgatha, dann muß ich meine Vernunft einfach streichen. Denn alles das, was diese sagt, widerspricht der Auferstehung. So sagt der Mensch des neunzehnten Jahrhunderts, so sagt selbst schon der Theologe, insofern er liberaler Theologe ist, im neunzehnten Jahrhundert. Aber wie soll er denn überhaupt erwarten, daß das Mysterium von Golgatha, daß etwas, was gerade keine Tat ist, die mit dem Luziferischen verflochten sein sollte, was ganz außerhalb der Sphäre des Luzifer liegt, was gekommen ist, um die Sphäre des Luziferischen zu überwinden, daß das begriffen werden soll mit dem, was durch Luzifer ihm zukommt, nämlich durch seine eigene Vernunft! Es ist nichts selbstverständlicher, als daß man mit eigener Vernunft niemals diese Dinge begreifen kann. Denn sie ist ein luziferisches Geschenk und ist nicht geeignet, die Dinge zu begreifen, die nicht mit dem Wirken des Luzifer zusammenhängen. Das ist der tiefere Zusammenhang dieser Sache. Wäre das Mysterium von Golgatha mit der menschlichen Vernunft begreifbar, dann, meine lieben Freunde, hätte es gar nicht zu geschehen brauchen, dann wäre es ganz unnötig, dieses Mysterium von Golgatha. Denn es ist geradezu da, um die Verschiebung, welche durch den luziferischen Einfluß zustande gekommen ist, wieder auszugleichen, also gerade, um den Menschen zu kurieren von dieser sonderbaren Anmaßung, von diesem sonderbaren Hochmut der Vernunft, der sich dadurch äußert, daß der Mensch alles mit seiner Vernunft begreifen will. Hier ist die Stelle, zu begreifen, wie eigentlich die Vernunft als solche begrenzt ist. Daß die menschliche Erkenntnis begrenzt sei, dagegen ist von mir oft protestiert worden; aber die Vernunft als solche ist begrenzt.

Physischer Leib – Ätherleib
1. Übergewicht des physischen Leibes über den Ätherleib:
Sinneswelt

Ätherleib – Astralleib
2. Übergewicht des Ätherleibes über den astralischen Leib:
Körperliches Gesamtgefühl

*

Astralleib – Ätherleib
3. Übergewicht des Astralleibes über den Ätherleib:
Normale physisch-organische Lebensvorgänge

Ich – Astralleib
4. Übergewicht des Ich über den Astralleib:
Verwobensein des Ich mit Denken, Fühlen und Wollen

* Hier treffen sich Luzifer und Ahriman

Wenn Sie nun dieses, was hier als Tabelle sich ergeben hat, anschauen, so werden Sie sagen: Man erkennt daran, wovon eigentlich die ursprüngliche Unordnung ausgegangen ist. Was muß denn die erste Unordnung gewesen sein bei der luziferischen Verführung?

Selbstverständlich die, welche wir nennen: Übergewicht des Ich über den Astralleib.

Davon ging aller luziferische Einfluß aus, daß dem Ich luziferische Kraft zugefügt worden ist, daß dieses Ich sich unrein vermischt hat mit Denken, Fühlen und Wollen und dann das luziferische Übergewicht erhalten hat über den Astralleib. Dadurch hat der Astralleib erst wiederum seinerseits sein Übergewicht über den Ätherleib erlangt. Und jetzt war das Gleichgewicht im Menschen gestört. Das ist so, sehen Sie, wie wenn durch den luziferischen Einfluß ein Schlag ausgeübt worden wäre auf den Astralleib; der seinerseits setzt das fort und hat sein Übergewicht über den Ätherleib. Aber da geht es nicht weiter. Der Ätherleib setzt nicht einfach den Schlag wieder fort. Das ist so, wie wenn Sie auf eine elastische Kugel aufschlagen: da kommen Sie mit dem Schlag bis zu einer gewissen Grenze, dann gibt die Kugel das zurück. Wir können sprechen vom Überschuß des Astralleibes über den Ätherleib; dann dreht sich die Geschichte um, jetzt kriegt der Ätherleib über den Astralleib ein Übergewicht, er schnappt zurück, schnellt wiederum zurück. Das ist das umgekehrte Übergewicht, hier bei 2. Und dann folgt das Übergewicht des physischen Leibes über den Ätherleib. Diese beiden schlagen zurück. Warum schlagen sie zurück? Aus dem Grunde, weil, während hier Luzifer gewirkt hat, um hinzuschlagen, von der anderen Seite im physischen Leib und Ätherleib Ahriman zurückschlägt. So daß tatsächlich hier in der Mitte, wo auf der einen Seite das Übergewicht des Ätherleibes über den Astralleib und des physischen Leibes über den Ätherleib, und auf der anderen Seite das Übergewicht des Astralleibes über den Ätherleib und des Ich über den Astralleib ist, zusammenprallen Ahriman und Luzifer. Da kommen sie zusammen. Es gibt im Menschen einen Mittelpunkt, wo sich begegnen in seiner eigenen Wesenheit Luzifer und Ahriman. Da hat der Mensch Gelegenheit, entweder mit dem Luzifer hinzuschwingen und den Astralleib tiefer in den Ätherleib einzubohren, als das gut ist, oder aber er hat Gelegenheit, die Stoßkraft des Ahriman aufzunehmen und den Ätherleib tiefer in den Astralleib hineinschlagen zu lassen, als es richtig und regelmäßig ist. Mit solchen Kraftwirkungen haben wir es zu tun.

Das Nächste wird nun sein, daß wir uns bewußt werden, daß wir eigentlich jetzt es überall noch mit Kraftwirkungen zu tun haben. Nämlich nirgends ist uns entgegengetreten – außer an der einen Stelle beim Übergewicht des Astralleibes über den Ätherleib, wo wir das Verarbeiten von Stoffen gesehen haben, das Aufnehmen der Nahrungsmittel und Verarbeiten derselben –, nirgends als da ist uns entgegengetreten stoffliche Wirkung. Da tritt uns sozusagen die Notwendigkeit entgegen, einmal von einem gewissen Gesichtspunkte aus über das Wesen dessen okkult nachzuforschen, was eigentlich der Stoff, die Materie ist. Und diese Frage ist diejenige, mit der wir morgen unsere Betrachtung beginnen werden.

VIERTER VORTRAG

Hannover, 30. Dezember 1911

Dasjenige, was man gewöhnlich die Materie nennt, ist für den Menschen eigentlich nur durch verhältnismäßig schwierige Vorstellungen zu erreichen. Und wenn man im okkulten Sinn aufklären will über das Wesen des Materiellen, des Stofflichen, dann muß man vor allen Dingen sich fragen: Was ist das hervorstechendste Eigentümliche an dem, was wir gewöhnlich die Materie nennen? Nun wird man, wenn man ohne Vorurteil zu Werke geht, denn doch finden müssen, daß das Hervorstechendste alles Materiellen die Raumerfüllung ist, die Ausgedehntheit im Raum. Es wird nämlich niemandem einfallen, bei irgend etwas, das ihm in der Seele selbst entgegentritt – sagen wir, bei einem Gefühl, bei einem Gedanken oder selbst bei einem Willensimpuls –, davon zu sprechen, daß der Wille oder der Gedanke oder das Gefühl einen Raum einnehmen. Jeder Mensch wird sogleich einsehen, daß er einen Unsinn sagen würde, wenn er behaupten wollte, daß irgendein Gedanke – sagen wir der Gedanke meinetwillen an einen Helden – um fünf Quadratmeter größer ist als der Gedanke an einen gewöhnlichen Menschen, nicht wahr? Wenn man sich das ausdenken will, so merkt man gleich, daß man auf das, was eigentlich unsere seelischen Zustände, unsere seelischen Vorgänge sind, die Raumerfüllung, das Ausgedehntsein, gar nicht anwenden kann.

Nun könnte man ja allerdings sagen, es gäbe ein anderes Merkmal für die Materie: das wäre das, daß die Materie ein Gewicht haben müsse. Aber mit dieser Eigenschaft des Gewichtes steht es nicht so einfach, wie wir noch sehen werden im Verlauf dieser Vorträge. Denn wenn wir uns nur betrachtend der Welt gegenüberstellen, so können wir im unmittelbaren Betrachten und Anschauen auch gar nicht irgend etwas merken von dem Gewicht, wohl aber von der Raumerfüllung, von der Ausdehnung, von dem Ausgedehntsein.

Nun wissen wir ja ferner, daß dieses Ausgedehntsein gewöhnlich nach den drei Dimensionen zu zählen ist, die wir für den Raum anführen, nach der Dimension der Höhe, der Breite und der Tiefe oder

Länge, wie man das dann nennen will. Es ist ja, nicht wahr, eine allgemeine, man möchte sagen, triviale Wahrheit, daß die Dinge im Raum nach den drei Dimensionen ausgedehnt sind. Also die Ausdehnung nach den drei Dimensionen würden wir anerkennen müssen sozusagen als das hervorstechendste Charakteristikon des Materiellen. Nun wird jeder, wenn er das bedenkt, was vorher gesagt worden ist – daß wir nämlich gegenüber dem, was in der Seele liegt, nicht von Raumerfüllung sprechen können –, sich sagen müssen, daß es gegenüber der Raumerfüllung noch etwas anderes gibt als eben das, was den Raum erfüllt, als die Materie oder den Stoff. Denn es gehört durchaus auch zu den Beobachtungen, die man schon auf dem physischen Plan machen kann, daß es eben nicht ausgedehnte Vorgänge, Zustände, wie man es nennen will, als Seelenerlebnisse gibt.

Wenn Sie sich nun die Seelenerlebnisse in derselben Weise vorurteilslos anschauen wie die Stofferlebnisse im Raum, so werden Sie eine andere Eigentümlichkeit der Seelenerlebnisse sehr bald finden, ohne die die Seelenerlebnisse als solche nicht sein können. Das ist – wir können gar nicht anders, als es vorurteilslos zugeben –, daß die Seelenerlebnisse in der Zeit ablaufen. Wenn wir auch nicht sagen können, daß ein Gefühl, ein Willensimpuls fünf Meter lang oder fünf Quadratmeter groß ist, so müssen wir doch immer zugestehen, daß das, was wir fühlen und denken, insofern diese Dinge Seelenerlebnisse sind, in der Zeit abläuft und daß wir nicht nur eine bestimmte Zeit brauchen, um diese Dinge zu erleben, sondern daß auch das eine früher, das andere später ist, kurz, daß das, was wir in der Seele erleben, der Zeit unterworfen ist.

Nun handelt es sich darum, daß ja in unserer Wirklichkeit in alledem, was uns umgibt und was wir selber sind, tatsächlich Raum- und Zeitverhältnisse durcheinandergemischt sind. Namentlich in der Außenwelt, da verlaufen die Dinge so, daß sie im Raum ausgedehnt sind, sie verlaufen aber auch nacheinander in der Zeit, beanspruchen selber eine gewisse Zeit. Es wird daraus sich schon, bevor man auf okkulte Wahrheiten eingeht, die Frage ergeben: Wie steht denn überhaupt der Raum zur Zeit im Verhältnis? Wir berühren da, ich möchte sagen, innerhalb eines anthroposophischen Vortragszyklus in höchst unschuldiger Weise eine Frage, welche tatsächlich als eine große philosophische Frage immer durch die Welt gegangen ist, über welche, wenn wir bildlich sprechen dürfen, sich Unzählige die Köpfe zerbrochen haben: das Verhältnis der Zeit zum Raum. Nun wird es Ihnen ja vielleicht nicht ganz leicht werden, in bezug auf dieses Verhältnis der Zeit zum Raum heute, wo wir eben, wie gesagt, in höchst unschuldiger Weise an diese Frage herantreten, die Gedanken, die da gemeint sind, zu verfolgen, weil doch der größte Teil der Zuhörer ohne besondere philosophische Vorbildung ist. Aber wenn Sie sich die Mühe geben, solche Gedanken zu verfolgen, dann werden Sie sehen, wie unendlich fruchtbar solche Gedanken sind und wie Sie, namentlich wenn Sie sie in der Meditation verarbeiten, diese Gedanken weiterführen können.

Es ist gut, wenn Sie da zunächst ausgehen von der Zeit, die Sie in Ihrer eigenen Seele erleben. Fragen Sie sich aber dabei, wie Sie denn die Zeit in Ihrem eigenen Innern erleben. Ich will nun deutlicher sprechen dadurch, daß ich Sie bitte, nicht die Zeit ins Auge zu fassen, die Sie an der Uhr ablesen; da vergleichen Sie natürlich nur Ihr Innenleben mit äußeren Vorgängen. Also sehen Sie ganz ab von dem Ablesen der Zeit von der Uhr oder sonstigen äußeren Vorgängen. Versuchen Sie sich nur so zu fragen, wie die Frage an die eigene Seele gestellt werden kann: Inwiefern äußert sich das Zeitverhältnis in der eigenen Seele? Da werden Sie, so tief Sie auch nachdenken und so gründlich Sie die Frage in Erwägung ziehen, sich auf nichts anderes besinnen können als maßgebend für die Zeit, als wiederum darauf, daß Sie einen Gedanken jetzt fassen können, den Sie sich erregen lassen durch eine äußere Wahrnehmung. Sie schauen oder hören sich etwas an und dann entsteht ein Gedanke oder eine Vorstellung in Ihrer Seele. Und wenn Sie sich da genauer fragen, wie dieses Verhältnis von Ihnen selber zu dieser Vorstellung, zu diesen Gedanken eigentlich ist, so müssen Sie sich sagen: Während Sie den Gedanken haben, sind Sie eigentlich selber der Gedanke. Versuchen Sie nur einmal gründlich über diese Sache nachzudenken, so werden Sie sich sagen müssen: Während Sie der Gedanke in Anspruch nimmt, sind Sie in Ihrem innersten Wesen der Gedanke. Es wäre Vorurteil, daß

Sie dann nebenbei noch die Vorstellung hätten von «Ich bin» oder dergleichen. Das «Ich bin» ist nicht da, während Sie selbst dem Gedanken hingegeben sind. Sie sind selbst der Gedanke. Da müssen Sie schon selbst eine gewisse Praxis anwenden, wenn Sie neben dem Gedanken, den Sie haben, noch etwas sein wollen.

Zunächst geht der Mensch in den Gedanken oder Gefühlen auf, die ihm unmittelbar gegeben sind. Nehmen wir aber an, Sie lassen sich durch dieses Stück Kreide solch einen Gedanken erregen, so ist, wenn Sie von allem übrigen absehen, wenn Sie nur an die Vorstellung Kreide, die durch die Wahrnehmung erregt wird, hingegeben sind, Ihr eigenes Inneres eins mit der Vorstellung Kreide. Wenn Sie aber diese Vorstellung nun gefaßt haben, und es kommt Ihnen nun in den Sinn, daß Sie gestern auch Kreide gesehen haben, so vergleichen Sie das, was Ihnen unmittelbar als die Vorstellung der Kreide gegeben ist, mit dem, was Sie gestern erlebt haben als Kreide. Und wenn Sie genau den Gedanken nehmen, nämlich, daß Sie sich mit der heutigen Kreide unmittelbar identifizieren, so werden Sie auch gewahr werden, daß Sie sich so, wie Sie sich mit der heutigen Kreide identifizieren, nicht identifizieren können mit der Kreide von gestern. Die Kreide von gestern muß Ihnen als eine Erinnerungsvorstellung geblieben sein. Wenn Sie also wahrhaftig eins geworden sind mit der Vorstellung Kreide von jetzt, dann ist Ihnen die Kreide von gestern in Ihrem eigenen Innern etwas Äußeres geworden, das heißt, die heutige Kreide ist Ihre eigentliche heutige Innerlichkeit. Ihre Erinnerungsvorstellung ist etwas, worauf Sie zwar zurückschauen, aber was Ihnen gegenüber der heutigen Vorstellung ein Äußeres ist. Und so ist es mit allem, was Sie in der Seele erlebt haben, mit Ausnahme des gegenwärtigen Momentes. Der gegenwärtige Moment ist Ihr jeweiliges Inneres. Alles, was Sie erlebt haben, das haben Sie fortgeschafft, das ist schon draußen aus Ihrem eigenen Innern. Und Sie können sich vorstellen – wenn Sie ein Bild haben wollen –, daß der gegenwärtige Augenblick mit den Vorstellungen, die Sie haben, die Schlange ist, und das, was Sie fortgeschafft haben, die abgestreifte Haut der Schlange. Wie wenn nun die Schlange eine Haut und noch eine und eine dritte Haut abgestreift und hinter sich gelassen hätte, so könnten Sie alle abgestreiften Vorstellungen haben als ein Äußeres gegenüber Ihrem jeweiligen gegenwärtigen Innern. Das heißt, soweit Sie sich erinnern, haben Sie eigentlich sozusagen fortwährend ein Inneres zu einem Äußeren gemacht, denn Sie machen die Vorstellung der Kreide, die Sie jetzt haben, im nächsten Moment zu einem Äußeren, indem Sie zu einer anderen Vorstellung übergehen. Das heißt, Sie arbeiten an einem fortwährenden Veräußerlichen. Sie schaffen hinter sich Ihr Inneres, indem dieses Innere sogleich wie eine Haut ein Äußeres wird. Darin besteht das Seelenleben, daß das Innere fortdauernd ein Äußeres wird, so daß wir in unserem eigenen Innern, in diesem inneren geistigen Prozeß unterscheiden können zwischen dem eigentlichen Innern und dem Äußern in dem Innern drinnen. Wir sind im Innern geblieben, haben aber im Innern selber zwei Partien zu unterscheiden: die Partie von unserm eigenen Innern und die von unserm zum Äußeren gewordenen Innern.

Nun sehen Sie, dieser Prozeß, den wir da sich jetzt haben vollziehen sehen, indem das Innere zu einem Äußeren geworden ist, der bewirkt eigentlich den Inhalt unseres Seelenlebens. Denn wenn Sie wieder einmal darüber nachdenken, so werden Sie finden, daß Sie Ihre Seele das nennen können, was Sie alles, seitdem der Zeitpunkt gekommen ist, bis zu dem Sie sich erinnern können in Ihrer früheren Kindheit, durchlebt haben. Ein Mensch, der alles vergessen würde, was er da durchlebt hat, würde eigentlich sein Ich verloren haben. Also in dieser Möglichkeit, hinter uns zu schaffen die Erinnerungen und sie doch zu behalten wie fortwährend abgelegte Häute, darin besteht die Realität unseres Seelenlebens.

Nun können Sie sich ja diese Realität des Seelenlebens in der mannigfaltigsten Weise gestaltet denken. Ich bitte Sie, einmal darauf zu achten, daß in einem jeden Augenblicke das Seelenleben eigentlich verschieden gestaltet ist. Nehmen Sie einmal an, Sie gehen draußen in einer sternenhellen, wunderschönen Nacht, oder Sie lauschen einer Beethoven-Symphonie, so haben Sie in dem jeweiligen Augenblick mit Ihrem Innern identifiziert ein weites Gebiet des Seelenlebens. Nehmen Sie an, Sie treten von dieser sternenhellen Nacht in ein finsteres, ärmliches Zimmer, so ist es, wie wenn dieses Seelenleben plötzlich zusammengeschrumpft wäre; es sind nur wenige Vorstellungen da. Oder wenn die Symphonie verstummt, so sind Sie in bezug auf Gehörvorstellungen zusammengeschrumpft, und gar wenn Sie schlafen, dann haben Sie Ihr Seelenleben ganz zusammengeschrumpft, bis es sich wiederum aufplustert mit dem Erwachen. Sie haben also ein fortwährendes Gestalten des Seelenlebens. Und wenn wir jetzt – es ist das nur ein Symbolum, denn wir müssen es räumlich zeichnen und meinen doch die Zeit, die nicht räumlich ist –, wenn wir es zeichnen wollen, so könnten wir es in der mannigfaltigsten Weise gestaltet zeichnen. Hier in der Zeichnung (a) wäre es zusammengeschrumpft, hier (b) geht es auf. Wir müßten es in der mannigfaltigsten Weise gestaltet denken, wobei dieses hier (c) immer der

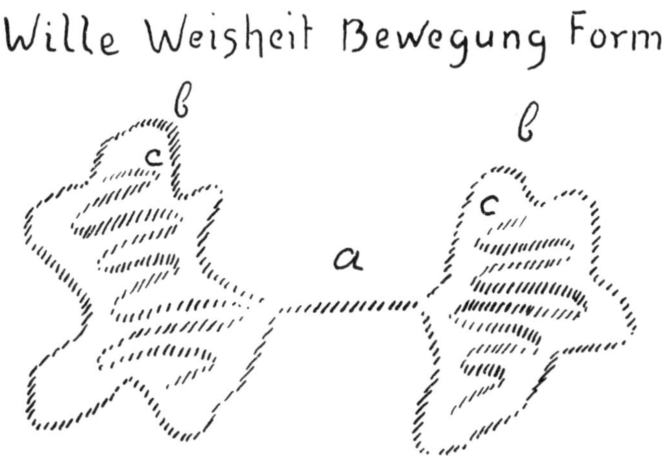

Inhalt des Seelenlebens ist. Nun, sehen Sie, aus dem Symbolum können Sie schon erkennen – und dieses soll nichts anderes geben als sichtbar anschaulich das, was nicht sichtbar ist – das Aufplustern und Zusammenschrumpfen des Seelenlebens. Ein Seelenleben, das eine Symphonie anhört, ist reicher als eines, das nur einen einzigen

Schlag hört. Man kann also sagen, daß dieses Seelenleben sich aufplustert und sich zusammenzieht, wobei man dann keine räumlichen Vorstellungen einmischen muß. Während dieses Aufplusterns und Zusammenziehens ist ja zweifellos eine innere geistige Bewegung vorhanden. Bewegung! Seelenleben ist Bewegung.

Jetzt müssen Sie sich nur Bewegung so denken, daß Sie sich nicht eine Bewegung im Raum denken, sondern das, was wir beschrieben haben. Und dieses Aufplustern und Zusammenziehen, das gibt Formen; so daß Sie haben Bewegung und äußern Ausdruck der Bewegung in gewissen Formierungen, in gewissen Formen. Aber das alles ohne räumliche Formen! Diese Formen, die hier gemeint sind, sind keine räumlichen Formen, sondern die Formen des sich erweiternden und zusammenziehenden Seelenlebens. Und was lebt da drinnen in diesem Ausgedehntwerden und Zusammenziehen, was lebt da drinnen eigentlich? Nun, da werden Sie schon nahekommen der, man möchte sagen, Wirklichkeit, wenn Sie ein wenig nachdenken, was da drinnen leben muß: Da drinnen leben Ihre Empfindungen, Gedanken, Willensimpulse, insofern das alles geistig ist. Das ist gleichsam das Wasser, das da schwimmt, in Formen sich bewegt, aber alles geistig. Und nun brauchen Sie nur noch eine Vorstellung, um die ganze Sache zu durchdringen. Wir sagten: Gedanken leben da drinnen, Vorstellungen, Gefühle, Willensimpulse. Aber die Willensimpulse sind in einer gewissen Weise etwas, was in fundamentalerer Beziehung notwendig ist als die Gedanken selber; denn wenn Sie sich überlegen, daß dieses Seelenleben zuweilen in raschere, zuweilen in langsamere Bewegung gebracht werden kann, so spüren Sie in Ihrem Innern, daß das eigentlich der Wille selber ist, der das in Bewegung bringt. Wenn Sie den Willen anspornen, können Sie die Gedanken und Gefühle in rascheren Fluß bringen; wenn der Wille träge ist, so läuft das alles langsamer ab. Sie brauchen den Willen, um auszuweiten dieses Seelenleben. So daß wir da drinnen der Reihe nach haben: Willen; dann alles das, was in Gefühlen, in Vorstellungen lebt und was innerhalb unseres Seelenlebens – unseres Seelenlebens, sage ich – dasjenige ist, was wir als Ausdruck fassen können der Weisheit; dann haben wir die Bewegung, das Aufplustern und Zusammenziehen; und dann haben wir die Formierung, die Form, die als Ausdruck der Bewegung erscheint. Sie können genau unterscheiden innerhalb Ihres Seelenlebens Willen, Weisheit, Bewegung und Form. Das webt und lebt da drinnen im Seelenleben.

Es ist schade, daß wir den Zyklus nicht auf einen Monat ausdehnen können, dann könnten wir genauer sprechen. Dann würden Sie sehen, daß sich das genau begründen läßt, daß da in Ihrem eigenen Seelenleben dasjenige verläuft, was gleichsam in dem Willen seine Wurzel hat, was dann in sich enthält Weisheit und Bewegung und Form. Nun werden Sie in merkwürdiger Weise sehen, daß die Reihenfolge, die hier für das Seelenleben aufgeschrieben ist, in sonderbarer Art übereinstimmt mit den Namen, die wir geben konnten den aufeinanderfolgenden Hierarchien, von den Geistern des Willens, der Weisheit, der Bewegung bis zu den Geistern der Form. Und wir haben gewissermaßen, indem wir unser eigenes Seelenleben in dieser Weise auseinanderlegen, an einem Zipfel die Hierarchien erwischt; wir haben sie da drinnen wirklich erwischt. Da zeigen sie sich in einer ganz sonderbaren Weise in dem inneren Seelenleben. Und sie zeigen sich so, daß ihr Wirken völlig unräumlich ist. Und wenn wir gar nichts anderes bekommen hätten, so haben wir mindestens das eine Wichtige gewonnen mit dem, was wir gesagt haben: Wir haben dadurch gewissermaßen die nächstliegenden Vorstellungen gewonnen über eine wichtige Eigenschaft dieser vier Hierarchien – der Geister des Willens, der Weisheit, der Bewegung und der Form –, die Eigenschaft nämlich, daß sie unräumlich sind. Daß also «Form» zunächst gemeint ist als die unräumliche, seelisch-geistig wirkende Formation, das ist sehr wichtig. Also, wenn wir von den Formen sprechen, welche die Geister der Form schaffen, so sind das nicht äußerlich räumliche Formen, sondern das sind diese inneren, uns eigentlich nur innerlich zum Bewußtsein kommenden Formationen, die wir im Verlauf unseres Seelenlebens fassen können. Da verläuft aber alles bloß in der Zeit. Ohne Zeit können Sie sich das überhaupt nicht vorstellen, sondern Sie müssen, wenn Sie von der Veranschaulichung absehen, die nichts bedeutet für die Sache selber, es sich, insofern Sie im Seelenleben bleiben, unräumlich vorstellen.

Wenn die Geister des Willens zunächst auf dem alten Saturn, die Geister der Weisheit auf der alten Sonne, die Geister der Bewegung auf dem alten Mond und die Geister der Form auf der Erde gewirkt haben, so würden wir, wenn wir nur die rein innere Art der Geister der Form ins Auge fassen, sagen: Die Geister der Form haben auf der Erde den Menschen so geschaffen, daß er noch eine unsichtbare Form hat. Das stimmt in schöner Weise mit dem überein, was sich uns auch gestern ergeben hat. Unsichtbare, nicht räumliche Formen haben zunächst die Geister der Form dem Menschen beim Beginne seines Erdenwerdens gegeben. Nun müssen wir zunächst ins Auge fassen, daß auch alle äußeren Gegenstände, die uns entgegentreten, alles, was wir in der äußeren Welt durch unsere Sinne gewahr werden, auch nichts anderes ist als eben ein äußerer Ausdruck eines inneren Geistigen. Und hinter einer jeden äußeren räumlich materiellen Dinglichkeit haben wir etwas ganz Ähnliches zu suchen, wie es in unserer Seele selber lebt. Nur tritt uns das natürlich nicht für die äußeren Sinne entgegen, sondern es ist hinter dem, was die äußeren Sinne darbieten.

Wie könnte nun ein Wirken über die Geister der Form hinaus, über das, was diese schaffen als noch nicht räumliche Form, vorgestellt werden? Also, wohlgemerkt, unsere Frage ist jetzt: Wenn nun dieses Wirken weitergeht von Wille, Weisheit, Bewegung, Form, noch weiter über die Form hinaus, was geschieht denn dann? So ist die Frage gestellt. Sehen Sie, wenn nämlich ein Prozeß im Weltenall fortgeschritten ist bis zur Form, die noch ganz im Geistig-Seelischen ist, die noch keine Raumesform ist, wenn der Prozeß fortgeschritten ist bis zu dieser übersinnlichen Form, dann ist der nächste Schritt nur noch möglich dadurch, daß die Form als solche zerbricht. Und das ist nämlich das, was sich dem okkulten Anblick darbietet: Wenn gewisse Formen, die unter dem Einfluß der Geister der Form geschaffen sind, sich bis zu einem gewissen Zustand entwickelt haben, dann zerbrechen die Formen. Und wenn Sie nun ins Auge fassen zerbrochene Formen, etwas, was also dadurch entsteht, daß Formen, die noch übersinnlich sind, zerbrechen, dann haben Sie den Übergang von dem Übersinnlichen in das Sinnliche des Raumes.

Und das, was zerbrochene Form ist, das ist Materie. Materie, wo sie im Weltenall auftritt, ist für den Okkultisten nichts anderes als zerbrochene, zerschellte, zerborstene Form. Wenn Sie sich vorstellen könnten, diese Kreide wäre als solche unsichtbar und sie hätte diese eigentümliche parallelepipedische Form, und als solche wäre sie unsichtbar, und jetzt nehmen Sie einen Hammer und schlagen rasch das Stück Kreide an, daß es zerstiebt, daß es in lauter kleine Stücke zerbirst, dann haben Sie die Form zerbrochen. Nehmen Sie an, in diesem Augenblicke, in dem Sie die Form zerbrechen, würde das Unsichtbare sichtbar werden, dann haben Sie ein Bild für die Entstehung der Materie. Materie ist solcher Geist, der sich entwickelt hat bis zur Form und dann zerborsten, zerbrochen, in sich zusammengefallen ist.

Materie ist ein Trümmerhaufen des Geistes. Es ist außerordentlich wichtig, daß man gerade diese Definition ins Auge faßt, daß Materie ein Trümmerhaufen des Geistes ist. Materie ist also in Wirklichkeit Geist, aber zerbrochener Geist.

Wenn Sie jetzt weiter nachdenken, so werden Sie sich sagen: Ja, aber es treten uns doch räumliche Formen entgegen wie die schönen Kristallformen; an den Kristallen treten uns doch räumlich sehr

schöne Formen entgegen – und du sagst, alles das, was stofflich ist, sei ein Trümmerhaufen des Geistes, sei zerborstener Geist! – Denken Sie sich zunächst einmal, damit Sie eine gewisse Vorstellung haben, einen herabfallenden Wasserstrahl (a). Nehmen Sie aber an, er wäre unsichtbar, Sie würden ihn nicht sehen. Und Sie geben ihm hier (b) eine Widerlage. Dadurch, daß dieser Wasserstrahl hier (b) auffällt, wird er in dieser Weise in Tropfen zerbersten (c). Nun nehmen Sie an, der Wasserstrahl, der herunterfällt, i wäre unsichtbar, das aber, was zerborsten ist, würde sichtbar. Dann hätten Sie hier einen zertrümmerten Wasserstrahl, hätten wiederum ein Bild der Materie. Aber jetzt müßten Sie sich wegdenken die Widerlage da unten, denn so etwas gibt es nicht, das würde schon voraussetzen, daß Materie da wäre. Sie müssen sich vorstellen: Ohne daß eine solche Widerlage da ist, ist die Materie, indem sie sich geistig zur Form gliedert, übersinnlich, ist die Materie in Bewegung, denn die Bewegung geht der Form voraus. Es gibt nirgends etwas anderes als das, was durchdrungen ist von den Taten der Geister der Bewegung. An einem bestimmten Punkt kommt die Bewegung bei der Form an, erlahmt in sich selber und zerbirst in sich selber. Die Hauptsache ist, daß wir es so auffassen, daß das, was zunächst geistig-seelisch ist, hinstrahlt, aber nur eine gewisse Schwungkraft hat, an das Ende der Schwungkraft kommt und nun in sich selber zurückprallt und dabei zerbirst. So daß, wenn wir irgendwo Materie auftreten sehen, wir sagen können: Dieser Materie liegt zugrunde ein Übersinnliches, das an die Grenze seines Wirkens gekommen ist und an dieser Grenze zerbirst. Aber bevor es zerbirst, da hat es innerlich geistig noch die Formen. Nun wirkt in den einzelnen auseinanderfallenden Trümmern, wenn es zerborsten ist, nach das, was als geistige Form vorhanden war. Wo das stark nachwirkt, da setzen sich nach dem Zerbersten noch die Linien der geistigen Formen fort, und da drückt sich, nachdem das Stück zerborsten auseinanderprallt, in den Linien, die sie dann beschreiben, noch eine Nachwirkung der geistigen Linien aus. Dadurch entstehen Kristalle. Kristalle sind Nachbildungen geistiger Formen, die gleichsam noch durch die eigene Schwungkraft die ursprüngliche Richtung im entgegengesetzten Sinn beibehalten.

Das, was ich Ihnen hier aufgezeichnet habe, das ist fast genau das, was sich der okkulten Beobachtung für den Wasserstoff ergibt. Der Wasserstoff ergibt sich der okkulten Beobachtung wie ein aus der Unendlichkeit heranbrausender Strahl, der in sich selbst erlahmt und auseinandersprüht – nur so, daß wir ihn etwa so zeichnen müssen, wie wenn sich die Linien hier so überschießen würden und ihre Form so beibehalten würden. So daß etwa ein Wasserstoffteil so aussieht, daß wir etwas wie einen unsichtbaren Strahl haben, der wie aus

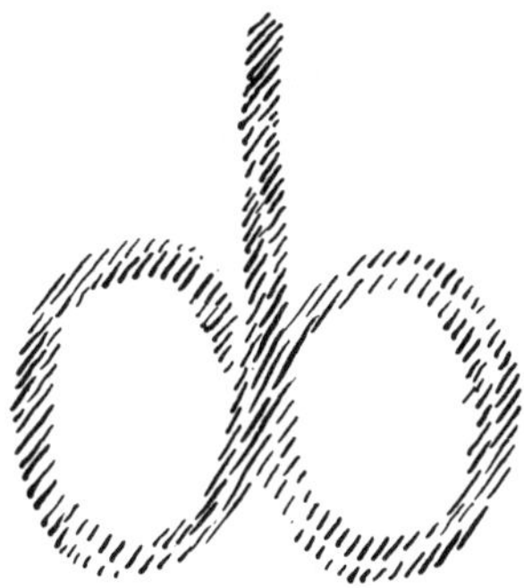

unendlichen Raumesweiten herkommt und der am Ende zerbricht wie ein Strahl, der absprüht. Kurz, überall ist Materie das, was man nennen kann: zerbrochene Geistigkeit. Materie ist schon eben nichts anderes als Geist, aber Geist im zerbrochenen Zustand.

Und nun muß ich noch einen schwierigen Gedanken vor Ihre Seele hinsetzen, der anknüpft an das, was ich im Beginne gesagt habe. Ich habe gesagt, daß wir im inneren Geistig-Seelischen selber Äußeres und Inneres unterscheiden. Nun setzen sich alle Raumesdimensionen in Wahrheit zusammen aus diesen Gegensätzen, so daß Sie überall, wo Sie zunächst eine Raumdimension haben, diese Raumdimension auffassen können als irgendwo ausgehend von einem Punkt; das ist das Innere, und alles übrige ist Äußeres. Für die Fläche ist die Gerade ein Inneres, alles übrige ein Äußeres und so weiter. So ist der Raum nichts anderes als das, was selbst mit entsteht, indem der Geist zerbersten muß und dadurch in das materielle Sein übergeht.

Nun ist es außerordentlich wichtig, folgendes ins Auge zu fassen. Denken Sie einmal, daß dieses Zerbersten des Geistes in die Materie hinein so geschieht, daß er zunächst zerbirst, zerschellt, ohne irgendwelche Materie schon vorzufinden, von sich aus zerbirst, zerschellt, also keinen irgendwie äußeren Widerstand vorfindet. Nehmen wir also an, dieses Zerbersten geschieht sozusagen ins Leere hinein. Wenn der Geist ins Leere hinein zerbricht, dann entsteht nämlich mineralische Materie. Da muß also der Geist zunächst wirklich aus dem Geiste heraus sich in sich selbst zerbrechen, und es entsteht dann mineralische Materie. Nehmen Sie aber einmal an, es sei das nicht etwas, was gleichsam im Weltall jungfräulich vor sich geht, sondern es sei die Sache so, daß aus dem Geiste heraus dasjenige, was da zerbricht, zerbirst, schon eine vorbereitete Welt findet, also sich hineinentwickelt jetzt nicht ins Leere, sondern, sagen wir, in schon vorhandene Ätherleiblichkeit. Wenn es ins Leere sich hineinentwickelt, entsteht mineralische Materie. Wir nehmen aber an, es entwickelt sich in vorhandene Ätherleiblichkeit hinein. Solche zerberstende Geistigkeit, sie plustert also in einen Ätherleib hinein; diese zerberstende Materie und dieser Ätherleib seien als solche schon vorhanden. Also nicht ins Jungfräuliche der Welt hinein, sondern in den Ätherleib hinein zerbirst Geistigkeit in Materie. Dann entsteht nicht mineralische Materie, sondern pflanzliche Materie. Wenn also Geist in Äthersubstanz hinein zerbirst, dann entsteht Pflanzenmaterie.

Aber nun haben wir gestern eine eigentümliche Äthersubstanz angetroffen. Erinnern Sie sich wohl, was auf der Tafel gestanden hat: wir haben einen Ätherleib angetroffen, der einen Überschuß, ein Übergewicht hatte über astralische Substanz. Und wir haben gestern gesagte daß das von den luziferischen Einflüssen kommt, die auf den Menschen bewirkt worden sind. Nun, wir haben nicht nur getroffen Äthersubstanz, die ein Übergewicht hat über das Astralische, sondern haben auch gefunden physische Leiblichkeit, die ein Übergewicht hat über Äthersubstanz, über den Ätherleib. Das war sogar das erste, was wir gefunden haben, nicht wahr? Fassen Sie jetzt dieses Eigentümliche auf, das also eigentlich nur durch den luziferischen Einfluß entstanden ist: dieses eigentümliche Zusammenwirken in dieser schlecht kombinierten menschlichen Organisation! Da, wo der physische Leib mit dem Ätherleib zusammentrifft und der Ätherleib durch das Übergewicht des physischen Leibes überall beirrt ist, da ist es nicht so, wie wenn der Geist einfach in Äthersubstanz hineinsprüht und zerbirst, sondern da sprüht er in eine solche Leiblichkeit hinein, die zwar Ätherleiblichkeit ist, aber über die das Physische das Übergewicht hat. Wenn nun Geist in eine solch vorbereitete Substanz hineinsprüht und zerbirst, dann entsteht Nervensubstanz, Nervenmaterie. So daß wir also haben Geist hineinsprühend in Ätherleiblichkeit, die von physischer Leiblichkeit überwogen wird: dann entsteht Nervenmaterie.

Hier haben Sie drei Stufen von Stofflichkeit: zuerst die gewöhnliche Stofflichkeit, die Sie draußen in der Sinneswelt antreffen, dann die Stofflichkeit, die Sie in den Pflanzenkörpern finden, und dann die Stofflichkeit, die Sie finden im menschlichen und im tierischen Leib dadurch, daß da Unregelmäßigkeiten zustande gekommen sind. Denken Sie, was wir nun alles tun müßten, wenn wir die verschiedenen Bedingungen für die mannigfaltigen Stoffe in der Welt aufzählen wollten! So mancherlei haben wir ja gestern durch den luziferischen Einfluß entstehen sehen als Unregelmäßigkeiten, haben dann gesehen, wie wiederum die Ätherleiblichkeit überwiegen kann die Astralleiblichkeit. Wenn in eine solche Astralleiblichkeit, die überwogen ist von Ätherleiblichkeit, Geist hineinsprüht in gewisser Weise, dann entsteht Muskelmaterie. Deshalb, sehen Sie, haben Nervenmaterie und Muskelmaterie ein so sonderbares Aussehen, das sich mit allem andern, was draußen ist, nicht vergleichen läßt, weil sie auf so komplizierte Weise entstehen. Es ist so vorzustellen, daß Sie die Unterschiede ins Auge fassen müssen, wie wenn Sie irgendein flüssiges Metall aussprengen, zunächst in die freie Luft und dann ins Wasser und dann vielleicht in feste Materie hineinspritzen lassen: auf so komplizierte Weise kommen die verschieden gearteten Materien in der Welt zustande. Das Hauptsächlichste, das ich heute damit wollte, war, Ihnen zu zeigen, in welche Tiefen des Seins man hinuntersteigen muß, wenn man diese Dinge wirklich ergründen will. Wenn Sie nämlich Geist nun einsprühen lassen in das, was noch weiter materiell folgt, in das, wo das Ich hineinwirkt mit Überschuß in den Astralleib, wenn also Geist hineinsprüht und zerstiebt in das, was ihm da entgegentritt in jener Unregelmäßigkeit der Leiblichkeit, die zustande gekommen ist dadurch, daß das Ich in seiner Ichlichkeit den Astralleib überwiegt, da entsteht – aber erst auf vielen Umwegen – Knochenmaterie. Es hängt also im wesentlichen, wie Sie sehen, davon ab, wie Materie aufsprüht, zusammenschießt, wenn sie also aus dem Geiste entsteht. Halten Sie dies nun fest, was ich Ihnen gesagt habe, wenn Sie es auch im einzelnen nicht mit Ihren Gedanken verfolgen können. Den Sinn des Ganzen werden Sie erfaßt haben, der darin liegt, daß man Materie überall als zersprühenden, zerberstenden Geist anzusehen hat, daß aber schon etwas entgegenkommen kann dem zerberstenden Geist. Und je nachdem dieses oder jenes ihm entgegenkommt, wird er gleichsam zersprüht in anderes hinein und es entstehen die verschieden konfigurierten Materien: Nerven-, Muskel-, Pflanzenmaterie und so weiter.

Jetzt wird Ihnen aber eine Frage auf der Seele liegen; das ist die Frage: Ja, was wäre denn nun geworden mit dem Menschen, wenn nicht der luziferische Einfluß gekommen wäre in dieser Beziehung? Wir haben schon gestern mannigfaltig aufgezählt, was geworden wäre mit dem Menschen. Aber was wäre es in dieser Beziehung geworden? Ja, sehen Sie, solche Nerven, wie sie der Mensch heute hat, hätte er nicht bekommen können. Denn diese Nerven in ihrer Materie entstehen nur dadurch, daß dieser unordentliche Zusammenhang da ist. Ebenso hätte er nicht Knochen, nicht Muskeln haben können, wenn der luzifersche Einfluß nicht gekommen wäre. Kurz, wir haben die verschiedenen Materien dadurch entstehen sehen, daß sich Formen geistig hineinergießen in etwas, was nur durch den luziferischen Einfluß da ist. Es hätten alle diese Materien, Muskel-, Nervenmaterien usw. nicht entstehen können ohne den luziferischen Einfluß. In noch intensiverem Sinne als gestern müssen wir sagen: Was ist denn der ganze Mensch als materieller Mensch? So, wie er äußerlich uns entgegentritt, ist er lediglich ein Ergebnis des luziferischen Einflusses. Denn er hätte keine Nerven, keine Muskeln, keine Knochen im heutigen Sinn, wenn der luziferische Einfluß nicht dagewesen wäre. Der Materialismus beschreibt nichts, als was Luzifer aus dem Menschen gemacht hat, so daß der Materialismus eben im eminentesten Sinne die Schülerschaft des Luzifer ist und alles übrige ablehnt.

Wie wäre denn also dieser Mensch, wenn er paradiesisch geblieben wäre? Nun, da will ich Ihnen heute zunächst einmal, damit wir morgen auf diese Dinge mit leichteren Vorstellungen aufbauen können, eine flüchtige Skizze von dem geben, was der Mensch geworden wäre, wenn der luziferische Einfluß nicht gekommen wäre. Wäre nämlich dieser Einfluß nicht gekommen, dann würde ja zunächst bei der menschlichen Evolution auf der Erde das dagewesen sein, was aus dem Einfluß der Geister der Form gekommen ist. Denn die Geister der Form waren die letzten Geister der höheren Hierarchien, die in den Menschen hereingewirkt haben. Diese Geister der Form haben nur eine rein übersinnliche Form geschaffen, nichts Räumliches zunächst. Das, was da geworden wäre – lassen Sie mich es heute nur kursorisch anführen –, das könnte nämlich kein äußeres Auge sehen, könnten keine äußeren Sinne wahrnehmen, denn rein seelische Formen können nicht von äußeren Sinnen wahrgenommen werden. Was da geworden wäre, fiele zusammen mit dem, was Ihnen beschrieben ist in «Wie erlangt man Erkenntnisse der höheren Welten?» mit dem, was gegeben ist mit der imaginativen Erkenntnis. Imagination wäre das, was die Geister der Form zunächst geschaffen hätten. Also nichts Sinnliches, sondern übersinnliche Imagination.

Nehmen wir einmal das, was da ungefähr geworden wäre, ganz schematisch (siehe Zeichnung 1, Seite 80), so hätten wir ein Imaginationsbild dessen, was die Geister der Form als Imagination des Menschen geschaffen haben, und das wäre durchsetzt von dem, was dem Menschen geblieben ist aus den Schöpfungen der früheren Hierarchien. So daß dieses durchsetzt wäre von dem, was dem Menschen geblieben wäre durch die Geister der Bewegung, von innerer Bewegung (Zeichnung 2, schematisch gezeichnet), und es würde uns entgegentreten als dasjenige, was wir beschrieben haben in «Wie erlangt man Erkenntnisse der höheren Welten?» als durch inspirierte Erkenntnis gegeben, denn diese Bewegungen würden nur als Inspiration erkenntlich sein. Das heißt: der ganze Mensch würde aus Imagination bestehen, und dann würde sich das andere ergeben, was Bewegung ist, die Inspiration. Und das, was die Geister der Weisheit geben, das würde Intuition sein. Das würden also wesenhafte innere Inhalte sein, mit denen das alles in irgendeiner Weise noch ausgefüllt wäre. Wir müßten hier hinein (Zeichnung 3) Intuition, das heißt unmittelbare Wesenheiten setzen. Und das Ganze würden wir dann als hervorgehend aus dem Kosmos wie mit einem Aura-Ei umhüllt finden, das nun das Ergebnis wäre der Geister des Willens (Zeichnung 4). Das wäre die übersinnliche Menschennatur, die bestehen würde aus Inhalten, die nur einer rein übersinnlichen Erkenntnis zugänglich sein würden. So phantastisch das aussieht,

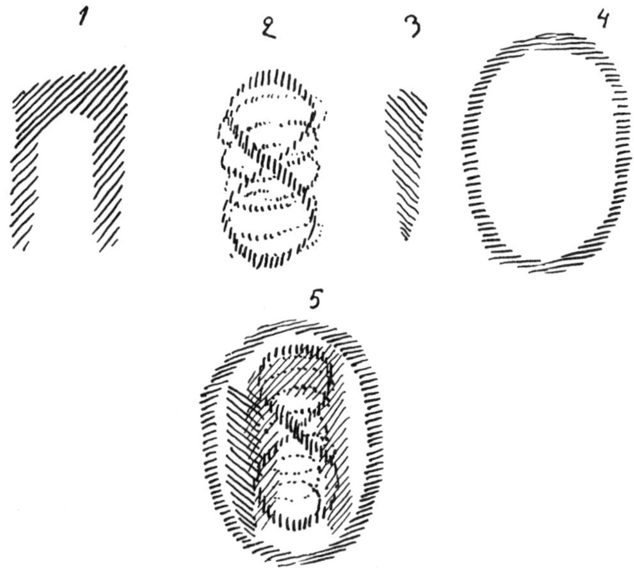

es ist der wirkliche Mensch, wenn wir so sagen dürfen, symbolisch: der paradiesische Mensch, der nicht besteht aus denjenigen Materie-Inhalten, aus denen er heute besteht, sondern der durchaus ein übersinnliches Wesen hat.

Und was ist nun geworden durch den luziferischen Einfluß? Nun, sehen Sie, durch den luziferischen Einfluß sind die Imaginationen gleichsam ausgespritzt worden mit zerberstendem Geist, das heißt mit Materie, und das, was da geworden ist, steht heute da als menschliches Knochensystem. Das Knochensystem ist der imaginierte Mensch, ausgefüllt mit Materie. Aber zum eigentlichen höheren Menschen gehört die Materie nicht, sondern die ist hineingeschossen in das, was sonst nur imaginativ sein würde, dadurch, daß der luziferische Einfluß gekommen ist. Während man sonst also bequem durch einen Menschen hindurchgehen könnte – wenn das nicht ein Unsinn wäre –, sind diese Imaginationen erstens zusammengezogen worden und dann extra noch ausgefüllt worden mit Knochenmaterie. Nun stößt man sich an den Knochen, wenn man durch den Menschen hindurchgehen würde. Er ist erst undurchdringlich geworden. – Das, was von den Geistern der Bewegung gekommen ist, das ist ausgefüllt mit Muskelmaterie, und das, was als Intuition wahrzunehmen wäre, das ist ausgefüllt mit Nervenmaterie. – Und das, was über dieses hinausgeht, das ist erst das Übersinnliche, wo nun in Betracht kommt des Menschen Ätherleib, der also schon übersinnlich ist, der heute nur das feinste Materielle ist, das gerade wie die feinsten Aussprühungen des Ätherischen erscheint, was noch der Materie, die feiner ist als Nervenmaterie, zugrunde liegt und eigentlich gar nicht in Betracht gezogen wird.

So, sehen Sie, ist der Mensch eigentlich ein höchst vergröbertes Wesen. Denn würde er geworden sein das, was er nach den ursprünglichen Absichten und Ansichten der Götter hätte werden sollen, so hätte er keine Knochen, sondern aus übersinnlichen, imaginierten Knochen würde seine Form bestehen; er hätte keine Muskeln als Bewegungsapparate, sondern er hätte übersinnliche Substanz, die sich in ihm bewegte, während jetzt das, was sich da bewegt, überall ausgespickt worden ist mit Muskelsubstanz. Was die Geister der Bewegung als übersinnliche Bewegung gegeben haben, ist zur physischen Bewegung in den Muskeln geworden, und was die Geister der Weisheit als Intuition gegeben haben, ist beim sinnlichen Menschen das geworden, was als Nervenmaterie hineingespickt ist in die Intuition. Wenn Sie also in den Anatomiebüchern aufgezeichnet finden das Knochensystem, so können Sie denken: Das sollte ursprünglich eine reine Imagination sein und ist durch den luziferischen und ahrimanischen Einfluß so vergröbert worden, daß sie einem heute in den dichten, dicken, zerbrechlichen, harten Knochen entgegentritt; so verfestigt sind da die Imaginationen. Und nun sagen Sie noch, daß der Mensch in der physischen Welt nicht schon einen Abglanz der imaginativen Welt finden kann! Wer da weiß, daß dieser Knochenmensch ein Abbild ist eines Imaginativen, der findet, wenn er einen Knochenmenschen anschaut, durchaus ein Abbild der imaginativen Welt. Und wenn Sie abgebildet sehen den Muskelmenschen, so sollen Sie eigentlich sich sagen: Das ist ein ganz unnatürliches Gebilde, das ist eigentlich innerlich ganz verlogen, denn erstens sehe ich ihn ausgebildet, ich sollte ihn aber geistig hören. In Wahrheit handelt es sich nämlich darum, daß übersinnliche rhythmische Bewegung ausgespickt ist mit Muskelmaterie, die weggehört; was übrigbleibt, sollte nicht gesehen werden, sondern wie die schwingenden Bewegungen der Musik gehört werden. Inspirationen sollten Sie eigentlich hören. Und das, was Sie als Muskelmensch abgebildet sehen, sind die durch den Stoff fixierten Inspirationen des Menschen. Und erst der Nervenmensch: den sollten Sie weder sehen noch hören, sondern nur ganz geistig wahrnehmen. Und es ist für eine kosmische Weltbetrachtung geradezu vollständig deplaziert, daß, was man in reinster Geistigkeit nur erfassen sollte, eine in der Wirklichkeit mit physischer Materie ausgespritzte geistige Hülle ist, daß man das vor sich sichtbar sieht, was eigentlich nur als Intuition wahrgenommen werden sollte.

Dieser Auszug aus dem Paradies besteht durchaus darin, daß der Mensch ursprünglich in der geistigen Welt, das heißt im Paradies war und da bestanden hat aus Imagination, Inspiration und Intuition, das heißt in einem ganz und gar überirdischen Dasein war. Und dann wurde er so behandelt durch das, was er in sich selber angestiftet hat durch den luziferischen Einfluß, daß er gleichsam ausgespritzt worden ist mit dem, was gekommen ist durch zerberstenden Geist, durch Materie. Die ist also etwas, womit wir im Grunde ausgefüllt sind, was nicht zu uns gehört. Wir tragen sie in uns, diese Materie, und weil wir sie in uns tragen, müssen wir physisch sterben. Das ist tatsächlich der Grund des physischen Todes, und von mancherlei anderem noch. Denn indem der Mensch sozusagen seinen geistigen

Zustand verlassen hat, lebt er hier in dem physischen Dasein nur so lange, bis die Materie überwindet das, was sie zusammenhält. Denn sie ist eigentlich so, daß sie fortdauernd zerbersten will, und die Materie in den Knochen wird nur von der Kraft der Imagination zusammengehalten. Wenn sie über die Kraft der Knochen Oberhand bekommt, dann werden die Knochen lebensunfähig. Ebenso ist es bei den Muskeln und Nerven. Sobald die Materie in den Knochen, Muskeln und Nerven die Oberhand bekommt über die Imagination, Inspiration und Intuition und zerbersten kann, muß der Mensch seinen physischen Leib ablegen. Da haben Sie den Zusammenhang zwischen dem physischen Tod und dem luziferischen Einfluß, und wir werden morgen zu verfolgen haben, wie auch das Böse und anderes, Krankheiten und so weiter, in die Welt gekommen sind.

FÜNFTER VORTRAG

Hannover, 31. Dezember 1911

Die Hauptsache in dem gestrigen Vortrage war ja, daß wir aus all den verschiedenen komplizierten Auseinandersetzungen eine Vorstellung bekommen haben, was wir uns zunächst unter Materie, Stofflichkeit, vorzustellen haben: daß wir uns eigentlich unter der Materie, der Stofflichkeit, vorzustellen haben zerbrochene geistige Formen, gleichsam pulverisierte geistige Formen. Und wir mußten ja gerade in dem Zusammenhange dieser Vorträge von dieser Seite her auf das Wesentlichste des materiellen Daseins hinweisen, weil wir als Menschen eingesponnen worden sind in dieses materielle Dasein, weil sozusagen die zersprühende geistige Form in uns eingedrungen ist und uns ausfüllt als Erdenmenschen –, worin gerade das besteht, was so schön symbolisch in der Vertreibung aus dem Paradies dargestellt ist: das Durchdringen des Menschen mit der Erdenmaterie. Sie werden, wenn Sie nicht bloß in Begriffen, sondern ein wenig miterlebend dasjenige verfolgt haben, was gestern gesagt worden ist, auch die Vorstellung bekommen haben, daß wir im Menschen eigentlich so recht eine Art von Doppelwesen haben. Denken Sie nur einmal daran, wie vorgestern darauf hingewiesen worden ist, daß der Mensch durch den luziferischen Einfluß dasjenige in sich eingefügt bekommen hat, was wir nennen können unsere Sinneswahrnehmungen, so wie wir sie als Erdenmensch haben. Wir haben ja darauf hingewiesen, daß diese irdischen Sinneswahrnehmungen eigentlich dem Menschen nicht von vorneherein vorbestimmt waren, sondern daß ihm vorbestimmt war eine Art von Zusammenleben mit dem waltenden Willen, und daß die Art, wie wir heute durch Ohren hören, durch Augen sehen, durch andere Sinnesorgane wahrnehmen, schon eine Verunstaltung ist, die aus dem Grunde eingetreten ist, weil der luziferische Einfluß gekommen ist. Dann konnten wir darauf hinweisen, daß ferner mehr nach dem Innern des Menschen zu alles das, was uns leiblich erscheint als Drüsenabsonderungen, ebenfalls durch die Verschiebung in den Gliedern der menschlichen Organisation zustandekommt, die wir betrachtet haben. Und endlich haben wir eigentlich die ganze normale organische Tätigkeit, alles Ernähren, alles Verarbeiten der Stoffe im Menschenleibe zurückzuführen auf eine Art von Überschuß der Tätigkeit des Astralleibes über die Tätigkeit des Ätherleibes, welcher Überschuß ja auch zustande gekommen ist durch den luziferischen Einfluß. Das war etwas, was sich uns vorgestern ergeben hat. Also die groben, materiellen Prozesse, die Ernährungs-, die Verdauungsprozesse und so weiter, die Prozesse der Drüsenabsonderung und auch die Prozesse des Sinneswahrnehmens, sie sind so, wie sie der Mensch heute hat, auf den Einfluß des Luzifer zurückzuführen. Gestern hat sich uns von einer anderen Seite her ergeben, daß nun dasjenige, was wir Nervenmaterie, Nervenstoff nennen, wiederum sozusagen zu verdanken ist dem luziferischen Einfluß; ebenso die Muskelmaterie und auch die Knochenmaterie.

Betrachten wir dieses menschliche Doppelwesen zunächst einmal so, daß wir sagen: Auf der einen Seite hat sich uns ergeben, daß Sinneswahrnehmung, Drüsentätigkeit und der gesamte organische Stoffwechsel dem luziferischen Einflusse zu verdanken sind, auf der anderen Seite ebenso sind diesem luziferischen Einflusse zu verdanken das Vorhandensein der Nerven, des Muskel- und Knochensystems. Wie verhalten sich diese beiden Menschen, der Sinnes-, Drüsen-, Verdauungsmensch auf der einen Seite und der Nerven-, Muskel-, Knochenmensch auf der anderen Seite? Was haben diese beiden in ihrem Zusammengekoppeltsein in der menschlichen Natur für eine kosmische, für eine Weltenaufgabe?

Nun werden Sie leicht, wenn Sie sich auch nur ganz ohne weiteren Okkultismus die Sache überlegen, zu der Vorstellung kommen können, daß alles das, was geknüpft ist an unsere Sinnes- und Drüsentätigkeit, an unser Verdauungssystem, im Grunde genommen etwas ist, was – man braucht es nur ganz oberflächlich anzuschauen –, wenn es am Menschen sich abgespielt hat, so recht der unmittelbaren Vergänglichkeit angehört. Das ist etwas, was sozusagen der Mensch hinter sich läßt durch seine eigene Natur. Vergegenwärtigen wir es uns, daß es keinen ewigen Zweck hat, daß wir die organischen Tätigkeiten ausführen. Denn Sie brauchen nur ein klein wenig sich umzusehen in dem, was die Wissenschaft oder das alltägliche Leben lehren, so werden Sie sagen: Als Verdauungs-, als Ernährungs-Apparate sind wir eigentlich in ganz schrecklicher Weise eingespannt in diesem Leben. Denn das ist ein Rad, das sich fortwährend in der gleichen Weise dreht. Wenn man das nicht als besonderen Fortschritt der menschlichen Natur anrechnen will, daß der Mensch, wenn er Gelegenheit dazu hat im Leben, etwa im Laufe von Jahren für ganz bestimmte Speisen oder Getränke eine besondere Feinschmeckerei entwickelt, die er früher nicht gehabt hat, so muß man sagen: Es verrät sich ungemein wenig Vorwärtsentwicklung in dieser fortdauernden Tretmühle von Essen und Verdauen und so weiter. Das wiederholt sich immer in der gleichen Weise, und daß wir als Menschen, insofern wir diese Tätigkeit ausüben müssen, einen besonderen Ewigkeitswert haben durch sie, das wird sich kaum jemand auch nur träumen lassen können. Auch die Drüsenabsonderung hat eigentlich ihre Aufgabe erfüllt, wenn sie eben eingetreten ist. Sie hat natürlich für das Leben des Gesamtorganismus ihre Bedeutung, aber Ewigkeitswert hat sie nicht. Auch nicht die Sinneswahrnehmung als solche, denn der Sinneseindruck kommt und vergeht. Und wenn Sie nur bedenken, wie blaß schon nach vielleicht wenig Tagen das ist, was Sie als Sinneseindruck aufgenommen haben, wie grundverschieden im Grunde doch die Erinnerung gegenüber den Sinneswahrnehmungen selber ist, dann müssen Sie sagen: Die Sinneswahrnehmungen sind zwar etwas Schönes, etwas für das Menschenleben in dem unmittelbaren Erfahren und Beobachten Erfreuendes, aber einen Ewigkeitswert haben sie sicher nicht. Denn wo sind die Werte, die für Sie entstanden sind durch die Sinnesempfindungen, die Sie vielleicht als Kind oder ganz junger Mensch gehabt haben? Wo ist das hin, was dazumal an Ihr Auge, an Ihr Ohr gedrungen ist? Wie blaß sind die Erinnerungen!

Wenn Sie bedenken, daß der Mensch, insofern er ein Sinnesmensch, ein Drüsen-, ein Verdauungsmensch ist, durch diese Tätigkeit keinen Ewigkeitswert hat, wenn Sie das bedenken, so werden Sie diesen Gedanken nun leicht verbinden können mit dem allgemeinen Gedanken, der gestern geäußert worden ist, der ja leider nur skizzenhaft in kurzen Vorträgen angedeutet werden kann: mit dem Gedanken von der zersprühenden Form. Indem die Form hineinsprüht in diese Tätigkeiten und sozusagen den Organismus so mit zerfallender Form, das heißt mit Materie versorgt, daß Sinnestätigkeit, Drüsenabsonderung, Verdauungstätigkeit zustandekommt, zeigt sich ja auch handgreiflich, daß wir es da mit zerbrechender Form zu tun haben, mit einer Form, die auseinanderbröckelt. Es sind nur spezielle Zerfallsprozesse der Form, die uns in der Sinnestätigkeit, in der Drüsenabsonderung und in der Verdauungstätigkeit entgegentreten. Von dem, was wir allgemein als Zerfallsprozeß der Form oder als das Schießen der Form in die Materie ansprechen können, sind das besondere Prozesse, Spezialprozesse.

Ganz anders liegt die Sache, wenn wir zur Nerventätigkeit, zur Muskeltätigkeit und zur Knochenwirksamkeit, zum Knochendasein des Menschen gehen. Wir haben gestern besprechen können, daß gewissermaßen im Knochensystem vorliegt materiell gewordene Imagination, materiell gewordene Bildhaftigkeit, im Muskelsystem materiell gewordene Inspiration in der Beweglichkeit, im Nervensystem materiell gewordene Intuition. Nun zeigt sich – und hier kommen wir zu der genaueren Besprechung einer Sache, die ja in den allgemeineren geisteswissenschaftlichen Vorträgen nur annähernd besprochen werden kann –, daß, wenn der Mensch durch die Pforte des Todes geht, nach und nach durch Verwesung oder Verbrennen oder wie immer, sein Knochensystem zerfällt. Aber was bleibt, wenn das Knochensystem materiell zerfällt, das ist die Imagination; die geht nicht verloren. Die bleibt in denjenigen Substanzen, die wir auch an uns haben, wenn wir durch die Pforte des Todes geschritten sind und ins Kamaloka oder ins Devachan hineingehen. Wir behalten allerdings eine Bildgestalt an uns zurück, die ja, wenn sie der wirklich geschulte Hellseher betrachtet, nicht gerade ähnlich ist dem Knochensystem, die aber, wenn sie der etwas weniger geschulte Hellseher auf sich wirken läßt, sogar äußerlich in der Bildgestalt etwas Ähnliches hat mit dem menschlichen Knochensystem, weswegen der Tod überhaupt nicht ganz unrichtig unter der Imagination des Knochenskelettes vorgestellt wird. Das beruht auf einer allerdings ungeschulten, aber immerhin nicht ganz danebentreffenden Hellsichtigkeit.

Und beigemischt ist dieser Imagination das, was nun von den Muskeln bleibt, wenn sie stofflich zerfallen: da verbleibt die Inspiration, von der sie eigentlich nur der Ausdruck sind, denn sie sind eigentlich nur stoffdurchtränkte Inspirationen. Die Inspiration bleibt uns, wenn wir durch die Pforte des Todes geschritten sind. Das ist etwas sehr Interessantes. Und ebenso bleibt uns die Intuition von dem Nervensystem, wenn die Nerven selber ihrem Verfalls- oder Zerfallsprozeß nach dem Tode entgegengehen. Das sind alles wirkliche Bestandteile unseres astralischen und ätherischen Leibes.

Sie wissen ja, daß man den Ätherleib nicht ganz ablegt: ein Extrakt aus dem Ätherleib ist es, den wir mitnehmen, wenn wir durch die Pforte des Todes geschritten sind. Aber nicht nur das, sondern noch etwas anderes ist der Fall. Der Mensch trägt ja fortwährend sein Nervensystem durch die Welt, und dieses Nervensystem ist ja nichts anderes als Intuition, stofflich durchsetzt. Indem der Mensch dieses Nervensystem durch die Welt trägt, ist eigentlich an den Stellen, wo die Nerven den menschlichen Organismus durchsetzen, fortwährend Intuition, und diese Intuition strömt die Geistigkeit aus, die der Mensch immerfort wie eine Strahlenaura um sich herum hat. Nicht nur das also kommt in Betracht, was wir, wenn wir durch die Pforte des Todes schreiten, mit uns nehmen, sondern wir strahlen immer in dem Maße Intuition aus, als die Nerven zerfallen. Sie haben ja immer eine Art von Verfallsprozeß in sich, sie müssen immer doch in gewisser Weise neugestaltet werden, wenn auch beim Nervensystem am meisten Haltbarkeit da ist: es findet immer Ausstrahlung statt, die man nur durch Intuition wahrnehmen kann. So daß wir sagen können: Intuitiv erfaßbare Substanz, geistige Substanz strahlt fortwährend von dem Menschen aus in dem Maße, als sein physisches Nervensystem zerbröckelt. So daß Sie schon daraus sehen, daß, indem der Mensch sein physisches Nervensystem gebraucht, es abnützt, es zum Zerbröckeln bringt, er nicht eigentlich bedeutungslos ist für die Welt. Er hat seine große Bedeutung. Denn wozu er seine Nerven benützt, davon hängt ab, was für intuitiv erfaßbare Substanzen von ihm ausstrahlen. Und wiederum, indem der Mensch seine Muskeln benützt, strahlen durch Inspiration erfaßbare Substanzen aus. Diese

Ausstrahlung ist so, daß sie die Welt fortdauernd mit lauter ungemein fein differenzierten Bewegungsvorgängen bevölkert. Also inspirierte Substanzen strömen aus – die Worte sind nicht ganz glücklich gebildet, aber wir haben keine anderen. Und von seinen Knochen strömt beim Menschen dasjenige aus, was wir nennen können imaginativ zu erfassende Substanz.

Das ist nun ganz besonders interessant. Nicht um Sie zu überfüttern mit Ergebnissen hellseherischer Forschung, sondern weil es wirklich interessant ist, soll erwähnt werden, daß durch diese Ausstrahlung aus den Knochen, wenn sie zerfallen, in gewissem Maße tatsächlich der Mensch überall, wo er hinkommt, Bilder, das heißt durch Imagination wahrnehmbare Geistesbilder von sich zurückläßt: feine Schattenbilder bleiben überall von uns zurück, wo wir gewesen sind. Und wenn Sie nachher aus diesem Saale gehen werden, so werden für ein feineres, gutgeschultes Hellsehen auf den Bänken in gewisser Weise noch immer feine Schattenbilder eine Zeitlang wahrzunehmen sein, bis sie in den allgemeinen Weltenprozeß aufgenommen sind – feine Schattenbilder von jedem Einzelnen, die ausgeströmt sind von seinem Knochensystem. Auf diesen Imaginationen beruht ja das Unangenehme, das man manchmal empfindet, wenn man in ein Zimmer kommt, das vorher ein anderer, ein unangenehmer Mensch bewohnt hat. Das beruht hauptsächlich auf den Imaginationen, die er zurückgelassen hat. Man trifft ihn in einer gewissen Weise in einer Art Schattenbild dort noch an. Und in dieser Beziehung ist im Erleben ein einigermaßen sensitiver Mensch gar nicht hinter dem Hellseher zurückstehend, denn er empfindet das Unbehagen über das, was ein anderer zurückläßt in einem Zimmer. Der Hellseher hat nur das voraus, daß er sich in einem imaginativen Bilde veranschaulichen kann, was der andere spürt.

Was geschieht nun aber mit all dem, was wir in dieser Weise ausstrahlen? Fassen Sie das alles zusammen, was wir in dieser Weise ausstrahlen, meine lieben Freunde: es ist im Grunde genommen eigentlich alles das, was von uns in die Welt hinaus bewirkt wird. Denn tun Sie was immer in irgendeiner Weise, wenn Sie, indem Sie etwas tun, sich bewegen und herumgehen, da bringen Sie Ihr Knochen- und Muskelsystem in Bewegung. Aber selbst wenn Sie bloß liegen und nur denken, so strahlen Sie intuitiv zu erfassende Substanz aus. Kurz, was Sie in Tätigkeit setzen, das strahlen Sie fortwährend in die Welt aus, das geht fortwährend in die Welt über. Nun sehen Sie, wenn diese Prozesse nicht stattfinden würden, dann würde von unserer Erde, wenn sie am Ziele ihrer Entwicklung angelangt sein wird, nichts vorhanden sein als pulverisierte Materie, die in den allgemeinen Weltenraum als ein Staub übergehen würde. Dasjenige aber, was aus den materiellen Prozessen der Erde gerettet wird durch den Menschen, das lebt in dem allgemeinen Kosmos, in der allgemeinen Welt als das, was entstehen kann durch Intuition, Inspiration und Imagination. Der Mensch gibt auf diese Weise der Welt das, woraus sie als aus den Bausteinen sich wieder neu aufbaut. Es wird das sein, was ebenso weiterlebt als das Geistig-Seelische der ganzen Erde, wenn diese Erde in bezug auf ihr Materielles wie ein Leichnam zerfällt, wie die einzelne Menschenseele geistig weiterlebt, wenn der einzelne Mensch durch die Pforte des Todes geschritten ist. Der Mensch trägt seine einzelne Seele durch die Pforte des Todes; die Erde trägt das, was geworden ist aus den Intuitionen, Inspirationen und Imaginationen der Menschen, hinüber zum Jupiterdasein. Damit haben Sie den großen Unterschied charakterisiert, der da besteht zwischen dem einen Menschen und dem anderen, insofern der Mensch ein Doppelwesen ist: Der Sinneswahrnehmungen erfassende Mensch, der aus den Drüsen absondernde Mensch, der verdauende, sich ernährende Mensch – das ist der Mensch, der für das Zerklüften in der Zeitlichkeit bestimmt ist. Das aber, was erarbeitet wird durch das Vorhandensein des Nerven-, Muskel- und Knochensystems, das wird einverleibt der Erde, damit sie weiter bestehen kann.

Nun aber kommt etwas, was wie ein Mysterium sich hineinstellt in unser gesamtes Dasein, etwas, was ja tatsächlich, weil es im Grunde genommen ein Mysterium ist, nicht für den Verstand zu erfassen, sondern für die Seele zu glauben und zu durchdringen ist, was aber doch wahr ist. Dasjenige nämlich, was der Mensch so in seine Umgebung ausstrahlen kann, das gliedert sich deutlich in eine Zweiheit: in einen Teil von Inspiration, Intuition, Imagination, auf welche, man könnte sagen, das allgemeine kosmische Dasein ja angewiesen ist, die es aufnimmt – das allgemeine kosmische Dasein, es saugt das auf; aber etwas anderes saugt es nicht auf, das wird zurückgeworfen, wird nicht angenommen. Es erklärt förmlich der allgemeine Kosmos: Ja, diese Inspirationen, Intuitionen, Imaginationen kann ich gebrauchen, die sauge ich auf, damit ich sie hinauftragen kann zum Jupiterdasein. Aber andere stößt er zurück, die nimmt er nicht auf. Und die Folge davon ist, daß diese Intuitionen, Inspirationen und Imaginationen, weil sie nirgends aufgenommen werden, für sich stehend dableiben. Sie bleiben im Kosmos geistig drinnen stehen, sie können nicht aufgelöst werden. Es zerfällt also das, was wir ausstrahlen, in zwei Teile, in etwas, was gerne aufgenommen wird vom Kosmos, und in etwas, was er zurückweist, was er sich nicht gefallen läßt, was er dastehen läßt. Das letztere bleibt nun stehen.

Wie lange bleibt es stehen? Ja, sehen Sie, das bleibt so lange stehen, bis der Mensch kommt und es selber vernichtet durch Ausstrahlungen, die geeignet sind, das zu vernichten. Und es hat kein anderer Mensch in der Regel die Fähigkeit, diese vom Kosmos zurückgeworfenen Ausstrahlungen zu vernichten, als der Mensch, der sie selber ausgestrahlt hat. Und hier haben Sie die Technik des Karma, hier haben Sie den Grund, warum wir alle diejenigen Dinge an Imaginationen, Inspirationen, Intuitionen wiederum im Verlaufe unseres Karma treffen müssen, die vom Kosmos zurückgewiesen sind. Die müssen wir selber vernichten, denn der Kosmos nimmt nur das auf, was denkerisch richtig, gefühlsmäßig schön und moralisch gut ist. Alles übrige weist er zurück. Das ist das Mysterium. Und das, was denkerisch falsch, gefühlsmäßig häßlich und moralisch schlecht oder böse ist, das muß der Mensch selber ausstreichen aus dem Dasein durch andere entsprechende Gedanken, Gefühle und Willensimpulse oder Taten, wenn es nicht mehr vorhanden sein soll. Und es wird ihm so lange nachgehen, bis er es ausgestrichen hat. Hier haben wir den Punkt, wo sich uns zeigt, daß es nicht wahr ist, daß der Kosmos nur aus neutralen Naturgesetzen besteht oder sich nur durch neutrale Naturgesetze äußert. Der Kosmos, der uns umgibt, von dem wir glauben, daß wir ihn durch die Sinne erfassen und durch den Verstand begreifen können, der hat noch ganz andere Kräfte in sich, der ist, wenn wir so sagen können, in sich selber ein strenger Abweiser des Bösen, Häßlichen, Falschen, und er ist darauf erpicht, aufzunehmen in sich das Gute, Schöne, Wahre. Gericht gehalten von den Mächten des Kosmos wird nicht bloß zu bestimmten Zeiten, sondern im Grunde genommen ist dieses Gerichthalten etwas, was durch die ganze Erdenentwicklung durchgeht.

Und jetzt können wir uns die Frage beantworten: Wie steht es denn nun überhaupt mit der Entwicklung des Menschen im Verhältnis zu den höheren geistigen Wesenheiten?

Wir haben gesehen, daß auf der einen Seite sozusagen der Sinnes-, Drüsen-, Verdauungsmensch entstanden ist durch luziferischen Einfluß. Auch den anderen Menschen können wir in gewisser Weise dem luziferischen Einflusse zuschreiben. Aber während der erstere Mensch der Verfallsmensch ist, ganz und gar für die Zeitlichkeit bestimmt, kommt es dem anderen Menschen zu, das Menschliche für die Ewigkeit, für die Dauer zu retten, hinüberzutragen für späteres Dasein. Dem Nerven-, Muskel-, Knochenmenschen kommt es zu, hinüberzutragen dasjenige, was der Mensch auf Erden erlebt. So daß wir daraus ersehen, daß im Grunde genommen der Mensch heruntergestürzt ist aus seiner geistigen Höhe, indem er zu dem ersteren Menschen, zum Sinnes-, Drüsen-, Verdauungsmenschen geworden ist, und daß er sich nach und nach hinaufarbeitet ins geistige Dasein, indem er wie ein Gegengewicht erhalten hat den Nerven-, Muskel- und Knochenmenschen. Nun ist aber das Eigentümliche, daß diese Absonderungen von intuitiver, inspirierter und imaginativer Substanz nicht anders geschehen können, als daß die materiellen Prozesse Zerstörungsprozesse darstellen. Wenn unsere Nerven, wenn unsere Muskeln, wenn unsere Knochen nicht fortwährend in Verfall wären, sondern bleiben würden, was sie einmal sind, dann würden wir das nicht absondern können, denn nur durch den Zerfall auf der einen Seite, der sich im Dasein des Materiellen ausdrückt, entsteht gleichsam das Aufbrennen und Aufleuchten des Geistigen. Könnten also unsere Nerven, unsere Muskeln, unsere Knochen nicht zerfallen und endlich ganz zerfallen im Tode, dann würden wir verurteilt sein,

ein bloß an dieses Dasein innerhalb der Erde gebanntes Wesen zu sein und würden nicht teilnehmen können an der Weiterentwicklung in die Zukunft hinein. Gleichsam starre, versteinerte Gegenwart würden wir sein, keine Entwicklung in die Zukunft hinein. Tatsächlich wie zwei sich das Gleichgewicht haltende Kräfte sind die Kräfte, welche spielen in dem einen und in dem anderen Menschen.

Zwischen beiden drinnen steht nun, wie die beiden miteinander vermittelnd, diejenige Substanz, diejenige Materialität, die wir ja öfter auch so aus den allgemeineren geisteswissenschaftlichen Vorstellungen heraus besprochen haben, aber aus diesem Zusammenhange heraus haben wir doch weniger darauf hingewiesen: zwischen beiden steht nun mitten drinnen das Blut, das auch in dieser Beziehung ein «besonderer Saft» ist. Denn alles das, was wir da kennengelernt haben als Nervensubstanz und so weiter, ist, wir haben es gesehen, erst so geworden in der Art und Weise seiner Kraftwirkungen durch den luziferischen Einfluß. Aber in dem Blut haben wir etwas gegeben, was unmittelbar als Stoff selber den luziferischen Einfluß erlitten hat. Denn das haben Sie ja gesehen, daß die Art und Weise, wie ineinanderwirken würden physischer Leib, Ätherleib und Astralleib, eine andere sein würde, wenn kein luziferischer Einfluß geschehen wäre. Aber da haben wir es doch in gewisser Beziehung mit einer Art von übersinnlichen Dingen zu tun, die dann den Stoff erst wiederum aufnehmen, die also erst durch ihren luziferischen Einfluß auf den Stoff wirken, daß er so wird. Dadurch, daß gewisse Leiber des Menschen nicht ordentlich zusammengefügt sind, dadurch entstehen Nerven-, Muskel- und Knochensubstanzen. Auf die Substanzen als solche hat Luzifer keinen Einfluß, denn diese Substanzen entstehen erst durch das, was er angerichtet hat, daß er die Leiber gleichsam verschoben hat. Also wo er herantritt an den Menschen, hat er die Verschiebung herbeigeführt. Auf das Blut aber, als Materie, als Stoff, hat er einen direkten Einfluß. Ja, das Blut ist sogar das einzige, und deshalb ein so besonderer Saft, wo unmittelbar sich am Stoff, an der materiellen Substanz selber zeigt, daß es nicht so ist beim gegenwärtigen Erdenmenschen, wie es ihm eigentlich zugedacht war, wenn kein luziferischer Einfluß gekommen wäre. Das Blut ist nämlich etwas ganz anderes geworden, als es hätte werden sollen. Wiederum, nicht wahr, eine groteske Sache, aber es ist eben so. Erinnern Sie sich, was eigentlich gesagt worden ist, wie Stoff, wie Materielles überhaupt entsteht. Wir haben gesagt: Materie entsteht dadurch, daß geistige Form bis an eine gewisse Grenze kommt und dann versprüht, so daß

diese pulverisierte Form die Materie darstellt. Das ist die eigentliche Erdenmaterie. So unmittelbar stellt sie sich eigentlich nur dar im Mineralischen, denn die anderen Substanzen werden dadurch, daß sie von anderen Mitteln ergriffen werden, verändert. Eine eigenartige Substanz ist aber nun die Blutsubstanz als solche.

Diese Blutsubstanz als solche war nämlich ursprünglich veranlagt, auch bis zu einer gewissen Grenze der Form zu kommen. Denken Sie sich, da (a) wären rein geistige Formstrahlen der Blutsubstanz, hier (b) wäre seine Kraft erschöpft. Nun sollte aber das Blut vermöge seiner ursprünglichen Anlage nicht versprühen, so daß es in den Raum hinaussprüht, sondern es sollte nur hier (b) an der Grenze ein klein wenig, ich möchte sagen, materiell werden und dann in sich selber zurücksprühen (Punkte nach oben), wiederum unmittelbar zurück ins Geistige sprühen. So hätte das Blut werden sollen. Also es hätte das Blut, wenn ich mich grob ausdrücken soll, gleichsam nur immer bis zu einer feinen Häutchenbildung es bringen sollen, bis zum Anfang des Materiellen, so daß es immer nur für einen Moment aus dem

Geistigen herausschießt, gerade bis zum materiellen Wahrnehmen ein wenig Materie wird, dann wiederum ins Geistige zurückschießt und wiederum vom Geistigen aufgenommen wird. Ein fortwährendes Herauswogen und Zurückschießen ins Geistige, das hätte das Blut werden sollen. Dazu hat nämlich das Blut seine Anlage. Also das Blut sollte sein ein fortwährend bloßes Aufglänzen, Aufleuchten im Materiellen und sollte eigentlich etwas ganz Geistiges sein. Das wäre es geworden, wenn die Menschen im Beginne der Erdenevolution nur von den Geistern der Form aus ihr Ich bekommen hätten; dann würden die Menschen nämlich dieses Ich empfinden durch den Widerstand, den dieses momentane Aufleuchten im Blut bedeutet. In dem Aufleuchten im Blute würde der Mensch empfinden das «Ich bin», und das würde das Organ seiner Ich-Wahrnehmung sein. Das wäre aber die einzige Sinneswahrnehmung, die der Mensch überhaupt hätte, denn die anderen wären nicht da, wenn alles gegangen wäre ohne luziferischen Einfluß. Das wäre ein Mitleben mit dem waltenden Willen. Zugedacht war dem Menschen als einzige Sinneswahrnehmung diese: in dem Aufglänzen der Blutsubstanz und gleich wieder Zurückschießen in das Geistige sein Ich wahrzunehmen. Statt daß der Mensch Farben sieht, Töne hört, Geschmäcke wahrnimmt, sollte er eigentlich in dem waltenden Willen leben; das sollte wie ein Schwimmen in dem waltenden Willen sein. Zugedacht war ihm, daß er aus dem geistigen Weltenall, in das er hineinversetzt wäre als bloße Imagination, Inspiration, Intuition, herunterschaute auf ein Wesen auf der Erde oder im Umkreise der Erde, von dem er nicht fühlte: Ich stecke da drinnen, – sondern: Ich schaue da hinunter, das gehört zu mir, da glänzt mir als einzig Materielles auf, was materiell werdendes, spirituelles Blut ist, und darin nehme ich mein Ich wahr.

Die einzige Sinneswahrnehmung, die hätte kommen sollen, ist eigentlich die Wahrnehmung des Ich, und die einzige Substanz im Materiellen, die dem Menschen zugedacht war, ist das Blut in dieser Form des momentanen Aufglänzens. So daß der Mensch, wenn er so geworden wäre, wenn er der paradiesische Mensch geblieben wäre, aus dem Weltall herunterschauen würde auf das, was bestimmt ist, ihn auf dieser Erde zu symbolisieren und ihm das Bewußtsein des Ich zu geben. Ein rein geistiges Wesen, aus Imaginationen, Inspirationen, Intuitionen bestehend, in denen aufschießt mit dem aufglänzenden Blute das Ich. Und in diesem Aufglänzen könnte der Mensch sagen: Ich bin, denn ich bewirke das, was da unten von mir ist.

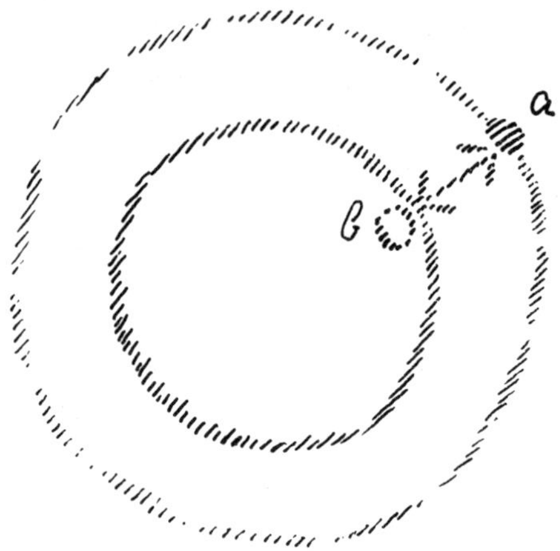

Nicht wahr, es ist sonderbar, aber es ist wirklich so, daß man sagen kann: Eigentlich war der Mensch dazu bestimmt, im Umkreise der Erde zu leben. Wenn nun hier (a) ein Mensch im Umkreise lebt, so sollte er auf der Erde selbst sein Spiegelbild (b) hervorbringen, und nur durch dieses Aufglänzen sein Ich wieder zurückstrahlen und sagen: Da unten ist das Zeichen für mich. So hätte es nicht kommen sollen, daß der Mensch seinen Knochen-, Muskel-, Nervenmenschen, seinen Drüsenmenschen mit sich herumträgt und gar noch fortwährend das groteske Urteil fällt: Das bin ich; sondern anders hätte es kommen sollen. Im Umkreise des Erdplaneten hätte der Mensch leben sollen und ein Zeichen eingraben in der Erde durch die aufglänzende Blutform und sagen: Da schlage ich meinen Pfahl ein, mein Siegel und mein Zeichen, das mir das Bewußtsein meines Ich beibringt. Denn mit dem, was ich geworden bin aus Saturn-, Sonnen- und Mondendasein, schwebe ich draußen im Weltenall. Ich brauche nur das Ich hinzuzufügen. Das aber nehme ich dadurch wahr, daß ich mich da unten einschreibe und immer lesen kann in dem aufglänzenden Blut, was ich bin. – Also nicht dazu sind wir ursprünglich bestimmt als Menschen, daß wir in solchen Knochen- und Fleischesleibern herumwandeln, wie wir sind, sondern dazu, daß wir die Erde umkreisen und unten Eintragungen machen und an diesen erkennen, daß wir das sind, daß wir ein Ich sind. Wer dies nicht berücksichtigt, kennt nicht das Wesen des Menschen.

Nun kam Luzifer und brachte den Menschen dazu, daß er nicht nur sein Ich als Sinneswahrnehmung, sondern auch alles das als sein Ich empfinden solle, was er schon auf dem Mond gehabt hat als Astralleib: Denken, Fühlen und Wollen. Das Ich wurde damit vermischt. Damit aber war die Notwendigkeit gegeben, daß der Mensch in die Materie herunterfiel. Die Vertreibung aus dem Paradies ist der Fall in die Materie. Und zunächst geschah jene Veränderung an dem Blute des Menschen, die dadurch zustandekam, daß nun das Blut nicht bloß aufglänzt für einen Augenblick und wieder zurückgenommen wird in die Geistigkeit, sondern daß tatsächlich die Blutsubstanz hindurchdringt und zersprüht, veranlagt wurde zum Zersprühen. Und so sprüht die Blutsubstanz, die eigentlich zurückkehren sollte ins Geistige, in dem Augenblick, wo sie materiell wird, in den übrigen Menschen hinein und füllt seine übrige Organisation aus, entsprechend sich verändernd nach den Kräften dieser Organisation. Je nachdem sie eindringt in einen Überschuß, sagen wir des physischen Leibes über den Ätherleib oder des Ätherleibes über den Astralleib und so weiter, wird sie zur Nerven-, Muskelsubstanz und so weiter. So drängte Luzifer das Blut zu seiner gröberen Stofflichkeit. Während das Blut bestimmt war, gerade aufzusprühen und gleich wieder als Materie zu verschwinden, ließ Luzifer das Blut hereinfahren in die grobe Stofflichkeit. Das ist die unmittelbare Tat, die er im Stoffe vollbracht hat, dieser Luzifer, daß er eigentlich das Blut, so wie es ist, als Materie fabriziert hat, während er in die anderen Dinge wenigstens nur Unordnung hineingebracht hat. Das Blut wäre überhaupt nicht so da, wie es da ist, sondern nur in seiner Geistigkeit, die nur bis zur Grenze der Materialität kommt, nur bis zu dem Status nascendi, dann gleich wiederum zurückgeht. So wie es materiell da ist, ist das Blut luziferische Schöpfung, und indem der Mensch mit dem Blute zugleich den physischen Ausdruck seines Ich hat, ist der Mensch mit seinem Ich verknüpft hier auf dieser Erde mit der Schöpfung des Luzifer. Und da wiederum Ahriman an den

Menschen herangekommen ist dadurch, daß Luzifer vorher da war, so können wir sagen: Das Blut ist das, was Luzifer hingeworfen hat, daß es Ahriman auffangen konnte, so daß beide nun an den Menschen herankommen können. Brauchen wir uns nun noch zu wundern, daß im Sinne einer uralten Empfindung Luzifer-Ahriman das Blut als sein irdisches Eigentum betrachtet? Wundern wir uns noch, daß er mit dem Blute seine Verträge schreiben läßt und daß er Wert darauf legt, daß ihm Faust mit seinem Blut den Vertrag unterschreibt? Denn das ist ganz und gar dasjenige, was ihm zukommt. Alles übrige enthält in gewisser Beziehung ein Göttliches; bei dem ist ihm nicht recht wohl. Selbst die Tinte ist für Luzifer göttlicher als das Blut, das so recht sein Element ist.

So sehen wir, wie der Mensch diese zwei Wesen in sich hat, den Sinnes-, Drüsen-, Verdauungsmenschen und den Nerven-, Muskel-, Knochenmenschen, und wie beide versorgt werden in ihrer groben Materialität, mit der die entsprechenden Kräfte dieser beiden

Menschen ausgegossen werden, von dem, was das Blut durch den luziferischen Einfluß geworden ist. Denn nicht wahr, leicht können Sie ja schon aus der äußeren Wissenschaft ersehen, daß, insofern der Mensch ein materielles Wesen ist, er ganz ein Ergebnis seines Blutes ist. Alles, was am Menschen Materie ist, wird ja aus dem Blut ernährt, ist eigentlich umgewandeltes Blut. So daß Knochen, Nerven, Muskeln, Drüsen, alles, alles, umgewandeltes Blut ist, der Materie nach. Der Mensch ist eigentlich Blut, und insofern er Blut ist, ist er der wandelnde Luzifer-Ahriman selber, der also fortwährend herumgetragen wird. Nur insofern der Mensch hinter diesem Materiellen das hat, was der Materie vom Blut aus eingegossen wird, insofern gehört er den göttlichen Welten, der Vorwärtsentwicklung an, die sozusagen nicht ein Zurückgebliebenes darstellt. Luzifer ist dadurch in die Welt gekommen, daß er auf gewissen Stufen der Entwicklung zurückgeblieben ist, ebenso Ahriman.

Wenn wir dies, was jetzt geschildert worden ist, ins Auge fassen, so werden wir sagen: Die Menschen hatten dann offenbar von dem Ursprunge der Erdenentwicklung aus ein Gemeinsames. Sie hatten zunächst etwas sehr Gemeinsames im Blut, nämlich daß, wenn das Blut so geblieben wäre, wie es dem Menschen bestimmt war, dieses Blut eigentlich ein reiner Ausfluß wäre der Geister der Form. So daß also in dem ursprünglichen Blute die Geister der Form in uns leben würden. Diese Geister der Form sind, wie die meisten von Ihnen nun schon wissen, nichts anderes als die sieben Elohim der Bibel. Sie brauchen nur den Münchener Zyklus von der Genesis durchzublättern, so werden Sie darauf kommen: Der Mensch wäre, wenn er dies behalten hätte, was sein Blut ursprünglich hätte werden sollen, so, daß er in sich fühlen würde die sieben Elohim. Das heißt, sein Ich würde er in einer Siebengliedrigkeit empfinden, wovon eines das Hauptglied wäre, das dem Jahve oder Jehova entspricht, und die anderen sechs wären zunächst Nebenglieder für den Menschen. Diese Siebengliedrigkeit, die der Mensch als sein Ich empfinden würde wie Hereinragungen der sieben Elohim oder Geister der Form, die würde dem Menschen ursprünglich, wenn sein Blut durch Luzifer nicht verdorben worden wäre, das beigebracht haben, was wir jetzt uns mit großer Mühe wieder aneignen als Erkenntnis der siebengliedrigen Menschennatur. So lange hat die Menschheit durch ihr verdorbenes Blut warten müssen darauf, zu erkennen, daß eigentlich eine Siebengliedrigkeit hereinspielt, so lange, bis sie umgekehrt durch genügende Ausstrahlungen von intuitiver, inspirativer und imaginativer Substanz aus Nerven, Muskeln und Knochen reif geworden ist, diesen Menschen wiederum hereinzubekommen, diese siebengliedrige Menschennatur! Jetzt sind wir eben dabei, erst in abstrakter Form aufzuzählen jene Natur des Menschen, die ins Ich vom physischen Leib und vom Ätherleib hereinspielt, jene Natur, die hereinspielt vom Astralleib, von sich selbst – Jahve oder Jehova –, die hereinspielt vom Manas oder Geistselbst, jene Natur, die hereinspielt von Budhi oder Lebensgeist, und jene, die hereinspielt vom Atma oder Geistesmenschen. Aber der Mensch hätte es nicht bringen können zu einer speziellen Verdunkelung der sechs anderen Glieder und einer besonderen Erhellung des einen Gliedes, des Ich, wenn nicht abkommandiert worden wäre Luzifer im Verlaufe der Weltenentwicklung. Und daß beim Beginne der Erdenentwicklung verdunkelt worden sind die anderen Glieder und das Ich besonders hell, zu einer helleren Ichlichkeit erleuchtet worden ist, das ist materiell dadurch geschehen, daß dieses Ich hereinbefördert worden ist in die dichte Materie, damit es so recht zu seinem Bewußtsein als Einzelheit, als Singularität hat kommen können, während es sich sonst vom Anfang an als Siebenheit gefühlt hätte.

So sehen wir, daß auf der einen Seite der Mensch, wenn sein Blut geblieben wäre, wie es war, zu einem Ich gekommen wäre, das von vorneherein einen siebenfältigen Charakter gehabt hätte. Dadurch, daß Luzifer dem Menschen beigegeben worden ist, ist er gekommen zu dem Einheitscharakter des Ich, ist er dazu gekommen, das Ich als den Mittelpunkt seines Wesens zu empfinden, zu fühlen, zu wissen. Daher können wir es begreifen, daß im Grunde genommen – weil dieselben sieben Elohim sich durch alle menschlichen Iche anfangs hätten offenbaren sollen – in dem, wozu das Blut ursprünglich veranlagt war, etwas die Menschen Zusammenbringendes, die Menschen Vergesellschaftendes lag, etwas von dem, daß sich die Menschen gefühlt hätten als ein gemeinsames Menschengeschlecht. In dem, was Luzifer dem Menschen gab, liegt, daß der Mensch sich als Einzel-Ich, als besondere Individualität fühlt und sich herausgliedert in seiner Selbständigkeit aus dem allgemeinen Menschengeschlecht. Daher sehen wir auch, daß der Weltprozeß auf der Erde so verläuft, daß der Mensch durch Luzifer veranlaßt wird, immer selbständiger und selbständiger zu werden, während er durch die sieben Elohim veranlaßt wird, immer mehr und mehr sich als Glied der gesamten Menschheit zu fühlen. Wie das nun sich für die Moralität und das ganze Leben der Menschheit in ihrer Entwicklung darstellt, davon wollen wir dann morgen weiter reden.

SECHSTER VORTRAG

Hannover, 1. Januar 1912

Sie werden vielleicht gerade aus diesen Vorträgen haben entnehmen können, ein wie kompliziertes Wesen der Mensch eigentlich ist und von wie vielerlei Seiten man den Menschen betrachten muß, wenn man seinem Wesen beikommen will. Es soll in diesem Augenblicke nur noch auf eine Tatsache hingewiesen werden, die sich gewissermaßen als eine der bedeutendsten Entwicklungstatsachen ergibt, wenn man an der Hand hellseherischer Forschung des Menschen Werdegang von sehr alten Zeiten bis heute und seine Aussichten in die Zukunft des Menschengeschlechtes hinein betrachtet. Ich habe Sie ja im Verlaufe der Vorträge darauf aufmerksam gemacht, daß, wenn man sein Erkenntnisvermögen, seinen Erkenntnistrieb so erzieht, daß die menschliche Seele, während sie die Erkenntnis anstrebt, aufnimmt die Zustände, die wir bezeichnen können als Staunen, Verehrung, weisheitsvollen Einklang mit den Weltereignissen und Ergebenheit gegenüber allem Weltgeschehen, dann die Erkenntnis sich allmählich dazu aufschwingen kann, überall in dem, was uns umgibt, zu unterscheiden: Hier habe ich es mit einem Werdenden zu tun, mit einem, das erst in der Zukunft seine Vollkommenheit erlangen wird, und auf der anderen Seite habe ich es mit einem allmählich Ersterbenden, Hinschwindenden zu tun. In der Region des Entstehens und Vergehens nehmen wir ja solche Dinge wahr. Und es ist insbesondere darauf hingewiesen worden, wie der menschliche Kehlkopf eigentlich ein Zukunftsorgan ist, wie er dazu berufen ist, in der Zukunft etwas ganz und gar anderes zu sein, als er heute ist. Heute teilt er nur unsere inneren Zustände durch das Wort der Außenwelt mit, während er in der Zukunft mitteilen wird alles das, was wir selbst sind, das heißt, was zur Hervorbringung des ganzen Menschen dienen wird. Er wird das zukünftige Reproduktionsorgan sein. Der Mensch wird in der Zukunft nicht nur die Verfassung seines Gemütes durch das Wort zum Ausdruck bringen mit Hilfe des Kehlkopfes, sondern er wird sich selbst in die Welt hinein durch den Kehlkopf zur Darstellung bringen; das heißt, die Vermehrung des Menschen wird an das Organ des Kehlkopfes gebunden sein.

Nun gibt es in diesem komplizierten Mikrokosmos, in dieser komplizierten kleinen Welt, die wir als den Menschen bezeichnen, für ein jegliches Organ, das in dieser Weise gleichsam in seinem Samenzustande ist und in der Zukunft dann einen höheren Vollkommenheitsgrad erreichen wird, ein anderes Organ, welches dafür – sagen wir – in allmählicher Abnahme, im Hinsterben ist. Für den menschlichen Kehlkopf ist nun das entsprechende hinschwindende Organ der Gehörapparat. Und in demselben Maße, in dem der Gehörapparat für den Menschen immer mehr dahinschwinden wird, immer mehr abnehmen wird, in demselben Maße wird der Kehlkopf immer vollkommener und vollkommener werden, ein immer bedeutungsvolleres Organ werden. Die ganze Größe dieser Tatsache können wir nur dann ermessen, wenn wir sozusagen mit Hilfe der Akasha-Chronik in eine weite Vergangenheit des Menschen zurückblicken und dann aus dem, was wir da erforschen können, uns eine Vorstellung zu bilden in der Lage sind, was denn der Gehörapparat, das Ohr, einmal eigentlich war. Ungeheuer aufschließend für die Erkenntnis des menschlichen Wesens ist es, gerade das Ohr zurückzuverfolgen. Denn in seinem jetzigen Zustand ist dieser Gehörapparat des Menschen eigentlich, man möchte sagen, wirklich nur noch ein Schatten dessen, was er war. Dieser menschliche Gehörapparat hört heute nur die Töne oder die in Tönen sich ausdrückenden Worte des physischen Planes. Das ist gewissermaßen ein letzter Rest dessen, was durch das Gehör in den Menschen eingeflossen ist, ein letzter Rest davon; denn es flossen einstmals durch diesen Apparat ein die gewaltigen Bewegungen des ganzen Universums. Und wie wir heute nur irdische Musik durch das Ohr hören, so floß in den Menschen herein in alten Zeiten Weltenmusik, Sphärenmusik. Und wie wir heute die Worte in die Töne kleiden, so kleidete sich einstmals in die Sphärenmusik das göttliche Weltenwort, dasjenige, wovon das Johannes-Evangelium als dem göttlichen Weltenworte, dem Logos, kündet. Aus der geistigen Welt floß ein in alles, was im alten Sinn als Gehör bezeichnet werden kann, wie jetzt nur das menschliche

Wort und die irdische Musik, so einst die himmlische, die Sphärenmusik, und innerhalb der Sphärenmusik das, was die göttlichen Geister sprachen. Und wie heute der Mensch durch sein Wort und durch seinen Gesang, durch seinen Ton die Luft in Formen zwingt, in Formen bringt, so brachten die göttlichen Worte und die göttliche Musik Formen hervor.

Und die kostbarste dieser Formen, die kann uns in der folgenden Weise vor die Seele treten. Betrachten Sie einmal, wenn Sie heute irgendein Wort, meinetwillen auch nur einen Vokal aussprechen, zum Beispiel das A, wie dann durch dieses A in die Luft eindringt die Möglichkeit, in dieser Luft eine Form zu bilden. So drang heraus aus dem Weltenwort in die Welt herein die Form, und die kostbarste dieser Formen ist der Mensch selber. Der Mensch selber in seinem Urzustande wurde erzeugt dadurch, daß er aus dem göttlichen Worte ausgesprochen wurde. Die Götter sprachen – und wie heute die Luft in Formen kommt durch des Menschen Wort, so kam unsere Welt in ihre Form hinein durch das Wort der Götter. Und der Mensch ist die kostbarste dieser Formen. Da war allerdings das Gehörorgan ein viel, viel komplizierteres noch. Jetzt ist es zusammengeschrumpft. Denn das, was Sie heute als äußeres Gehörorgan haben, was nur bis zu einer gewissen Tiefe in das Gehirn eindringt, das breitete sich von außen nach innen aus über die ganze menschliche Wesenheit. Und überall im Innern der menschlichen Wesenheit breiteten sich aus die Wellengänge, die den Menschen aus dem Gotteswort heraus in die Welt hineinsprachen. So ist der Mensch, als er noch spirituell erzeugt wurde, erzeugt worden durch das Gehörorgan, und so wird in der Zukunft der Mensch, wenn er wieder aufgestiegen sein wird, ein ganz rudimentäres, ein ganz zusammengeschrumpftes Ohr haben. Der Sinn des Ohres, er wird ganz und gar vergangen sein. Das Ohr ist in absteigender Bewegung; dafür aber wird zu höherem Glanze und höherer Vollkommenheit sich entwickelt haben das, was heute erst im Samenzustande ist, der Kehlkopf. Und in seiner Vollkommenheit wird es hinaussprechen das, was der Mensch für die Welt als die Wiederholung seines Wesens hervorbringen kann, wie die Götter den Menschen als ihr Geschöpf auf die Erde hereingesprochen haben.

So kehrt sich der Weltengang in einer gewissen Weise um. Dieser ganze Mensch, wie wir ihn haben betrachten können, er ist so, eben wie er vor uns steht, das Produkt einer absteigenden Entwicklung, und wenn wir ein solches Organ wie das Ohr betrachten, so müssen wir uns überall sagen: Dieses Ohr, das es schon bis zu der inneren Verdichtung des Knochigen in den Gehörknöchelchen gebracht hat, dieses Ohr ist sozusagen im letzten Stadium absteigender Entwicklung. Der Sinn als solcher schwindet hin, der Mensch aber entwikkelt sich in die Welt der Geistigkeit hinein, und seine aufsteigenden Organe sind die Brücken, die ihn hinaufleiten in die Geistigkeit. So verhält sich die Welt der Sinne zu der Welt des Geistes, indem die Welt der Sinne uns angezeigt wird durch lauter absterbende Organe, die Welt des Geistes durch aufsteigende Organe.

Und so ist es in aller Welt, insofern uns diese Welt gegeben ist. In aller Welt können wir verfolgen in einer gewissen Weise Werden und Vergehen. Und lehrreich ist es, anzuwenden die Idee, die uns über Werden und Vergehen gegeben wird, wichtig ist es, bedeutungsvoll, sie anzuwenden auf die übrige Welt. So ist uns zum Beispiel in der Welt des Mineralischen etwas gegeben, das auch in einer gewissen Weise in einer aufsteigenden Entwicklung ist, das jetzt in einer Art von Samenzustand ist. Und das ist das Quecksilber. Das Quecksilber ist ein Metall, das Verwandlungen durchmachen wird, aber Verwandlungen zum Vollkommenen. Das Quecksilber hat als Metall noch nicht alle diejenigen Kräfte pulverisiert, die ein jeder Stoff im Geistigen hat, bevor er Stoff wird. Es wird in der Zukunft noch Wesentliches aus seiner Spiritualität heraussetzen können und wird noch andere Formen annehmen können, so daß in der Welt des Mineralischen in gewisser Weise das Quecksilber dem menschlichen Kehlkopfe entspricht und auch in einer gewissen Weise dem Organ, dessen Anhangsorgan der Kehlkopf ist, der Lunge. Andere Metalle, sagen wir zum Beispiel das Kupfer, das ist dafür in einer Art absteigender Entwicklung. Das wird in der Zukunft so sich zeigen: Es hat nicht mehr innere spirituelle Kräfte, die es heraussetzen kann, sondern es muß immer mehr und mehr sich bloß zersplittern, bloß zerfallen, bloß zum Weltenstaube werden. Solche Zusammenhänge, wie sie jetzt eben angeführt worden sind mehr beispielsweise, die werden immer mehr und mehr von unserer jetzigen Zeit ab studiert werden. Man wird immer mehr die Verwandtschaft im Entstehen und Vergehen in den einzelnen Reichen der Natur studieren, wird darauf kommen, wie zum Beispiel nicht bloß durch Probieren, sondern durch die imaginative Erkenntnis eine gewisse Verwandtschaft metallischer Stoffe zu gewissen Organen des menschlichen Leibes gefunden werden kann, woraus sich dann ergeben wird, daß man diese Stoffe, deren Wirksamkeit ja aus der äußeren Erfahrung zum Teil bekannt ist, aus der Imagination heraus gerade in ihrer Heilkraft, in ihrer reproduktiven und restituierenden Kraft auch für den menschlichen Leib wird erkennen lernen. Überhaupt Verwandtschaften der einzelnen Wesenheiten werden sich in der mannigfaltigsten Art ergeben.

So wird man erkennen, daß an der Pflanze alles das, was im Samen ruht, was in der Samenkraft darinnen ist, in anderer Weise mit dem Menschen verwandt ist als das, was zum Beispiel in der Wurzel der Pflanze enthalten ist. Alles das, was in der Wurzel der Pflanze enthalten ist, das entspricht in einer gewissen Weise dem menschlichen Gehirn und dem sich anschließenden Nervensystem (siehe die Übersicht auf Seite 100). Und das geht so weit, daß in der Tat auch der Genuß von all dem, was in den Pflanzenwurzeln enthalten ist, eine gewisse Verwandtschaft hat mit den Prozessen, die sich in Gehirn und Nervensystem abspielen. So daß in einer gewissen Weise der Mensch, wenn er will, daß sein Gehirn und Nervensystem als physische Werkzeuge des Geisteslebens physisch beeinflußt werden sollen, dann dasjenige, was als Kräfte in den Wurzeln ist, mit den Nahrungsmitteln zu sich nimmt. Er läßt dann dasjenige, was er in sich aufnimmt, in einer gewissen Weise in sich denken, in sich geistige Arbeit verrichten, während er, wenn er weniger dazu neigt, sagen wir das wurzelhafte Wesen aufzunehmen, es dann mehr selber sein wird, seine Geistigkeit, welche das Gehirn und Nervensystem benutzt. Daraus ersehen Sie, daß viel Wurzel-Genuß den Menschen in bezug auf sein seelisch-geistiges Erleben unselbständig macht, weil das Objektive, das Äußere, durch ihn arbeitet, weil sozusagen das Gehirn und Nervensystem verselbständigt werden. Wenn der Mensch also in einem höheren Maße es selbst sein will, was in ihm arbeitet, dann muß er sich beschränken in bezug auf den Wurzel-Genuß. Meine lieben Freunde, das sind keine Anweisungen zu irgendeiner Diät, sondern nur Mitteilungen über die Tatsachen der Natur. Denn ich ermahne Sie ausdrücklich, sich nicht ohne weiteres an solche Regeln zu halten. Nicht jeder Mensch ist so weit, daß er nicht nötig hat, sich die Kraft des Denkens von dem Objektiven abnehmen zu lassen, und es kann sehr leicht geschehen, daß der Mensch, der noch nicht reif ist, sich die Kraft des Denkens und Empfindens von dem objektiven Seelenleben abnehmen zu lassen, dann, wenn er den Genuß von Wurzeln aus dem Pflanzenreich vermeidet, in eine Art schlafmützigen Zustand kommt, weil sein Spirituell-Psychisches noch nicht stark genug ist, um in sich die Kräfte aus dem Geistigen heraus zu entwikkeln, die sonst eben objektiv, ohne Zutun des Spirituell-Psychischen im Menschen entwickelt werden. So liegt die Sache. Alle Diät ist ganz individuell und ganz und gar abhängig von der Art und Weise, wie der Mensch in dieser oder jener Weise entwickelt ist.

Dasjenige, was zum Beispiel in den Blättern der Pflanze ist, das steht in einer ähnlichen Weise in einem Zusammenhange mit dem, was wir als Lunge ansehen können, und all dem, was zum Lungensystem gehört. Hier haben wir schon etwas, das uns darauf hinweist, wie eine Art Bilanz geschaffen werden kann in einem Menschen, von dem zum Beispiel gesagt werden kann, daß sein Atmungssystem durch seine vererbten Anlagen oder durch sonstige Verhältnisse im Übermaß von innen her erhalten ist. Bei dem wäre es gut, ihm abzuraten, in seiner Nahrung vorzugsweise das zu genießen, was die Blätter der Pflanze liefern. Demjenigen aber, dem wir nachhelfen wollen in bezug auf sein Atmungssystem, sein Lungensystem, dem tun wir gut, anzuraten, möglichst viel Blättriges zu genießen. Diese Dinge hängen dann wieder zusammen mit den Heilkräften, die in der Welt in den einzelnen Reichen draußen sind, denn diejenigen Teile der einzelnen Pflanze, welche eine bestimmte Verwandtschaft zu solchen Organen haben, diese Teile der Pflanze sind es vorzugsweise, welche auch für diese Sphären, für diese Gebiete des menschlichen Organismus die Heilkräfte enthalten. So daß also Wurzeln von Pflanzen viele Heilkräfte enthalten in bezug auf das Nervensystem, Blätter viele Heilkräfte enthalten in bezug auf das Lungensystem. Blüten der Pflanzen enthalten viele Heilkräfte in bezug auf das Nierensystem zum Beispiel, und Samen der Pflanzen enthalten in einer gewissen Weise Heilkräfte in bezug auf das Herz, aber nur so in bezug auf das Herz, daß heilkräftig die Samenkräfte sind, wenn sozusagen das Herz sich der Blutzirkulation zu stark widersetzt. Wenn es der Blutzirkulation zu stark nachgibt, dann sind mehr die Kräfte, die in den Früchten sind, in dem ausgereiften Samen also, in Betracht zu ziehen.

Wurzel – Gehirn
Blätter – Lunge
Blüten – Nieren
Samen – Herz
Früchte – Blutsystem

Dies, sehen Sie, sind einzelne Andeutungen, die sich dann ergeben, wenn wir Rücksicht darauf nehmen, daß in dem Augenblick, wo wir vom Menschen hinausdringen in die uns umgebende Natur, dasjenige, was in dieser uns umgebenden Natur den Sinnen erscheint, was zur Sinneswelt gehört, eigentlich nur die Oberfläche ist. An den Pflanzen ist also das, was zur Sinneswelt gehört, nur das Oberflächliche; hinter dem, was dem Auge, dem Geschmacke, dem Geruche an der Pflanze erscheint, sind erst die geistig-seelischen Kräfte der Pflanze. Aber diese geistig-seelischen Kräfte der Pflanze sind nicht so in der Pflanze enthalten, daß wir etwa davon sprechen könnten, jede einzelne Pflanze wäre beseelt, wie jeder einzelne Mensch etwa beseelt ist. Das ist nicht der Fall. Derjenige, der glauben würde, jede einzelne Pflanze sei beseelt, der würde sich demselben Irrtum hingeben wie der, welcher glauben würde, jedes einzelne Haar oder das Ohrläppchen oder die Nase oder ein Zahn im Menschen sei beseelt. Der ganze Mensch ist beseelt, und wir erlangen einen Einblick in das Seelische des Menschen erst dann, wenn wir von seinen Teilen zum

Ganzen gehen. Das müssen wir aber bei jeglichem Wesen tun. Wir müssen spirituell bei jeglichem Wesen sorgfältig darauf kommen, ob es Teil oder ob es in einer gewissen Weise Ganzes ist. Die sämtlichen Pflanzen der Erde sind nun keineswegs für sich ein Ganzes, sondern sie sind Teile, Glieder, und eigentlich sprechen wir von einem Wirklichen nur, wenn wir von dem sprechen, zu dem die Pflanzen als Teile, als Glieder gehören. Beim Menschen sehen wir das auch physisch, wozu seine Zähne, wozu sein Ohrläppchen, wozu seine Finger gehören, wir sehen es physisch als den Gesamtorganismus. Bei den Pflanzen sehen wir das, wozu die einzelnen Pflanzen gehören, nicht mit dem physischen Auge, nehmen es nicht wahr mit einem physischen Organ, sondern da gelangen wir gleich vom Teil zum Ganzen, da kommen wir gleich ins Geistige hinein. Und im wesentlichen müssen wir sagen: Das Seelische der Pflanzenwelt ist ein solches, welches in den Pflanzen nur seine einzelnen Organe hat. Und eigentlich sind es nur wenige Wesen in unserem Erdenganzen, die gleichsam zusammengestopft in der Erde sind und die als ihre einzelnen Teile die Pflanzen haben, wie der Mensch seine Haare an sich trägt.

Wir können, wenn wir wollen, davon sprechen, daß, wenn wir über die Pflanze, insofern sie unseren Sinnen erscheint, hinausgehen, wir dann zu den Gruppenseelen der Pflanzen kommen, die sich zur Pflanze so verhalten wie das Ganze zum Teil. Im großen und ganzen gibt es sieben Gruppenseelen, die als Pflanzenseelen zur Erde gehören und alle im Erdmittelpunkt in einer gewissen Weise den Mittelpunkt ihres eigenen Wesens haben. So daß wir uns die Erde nicht nur als diesen physischen Ball vorstellen können, sondern diese Erde ist durchdrungen von sieben solchen mehr oder weniger großen oder kleinen Sphären, die alle im Mittelpunkt der Erde etwas haben wie einen eigenen geistigen Mittelpunkt. Und dann treiben diese geistigen Wesen die Pflanzen heraus aus der Erde. Die Wurzel wächst dem Mittelpunkt der Erde zu, weil sie eigentlich dahin will und nur durch die übrige Erdenmaterie abgehalten wird, bis zum Mittelpunkt vorzudringen. Jede Pflanzenwurzel hat das Bestreben, bis zum Mittelpunkte der Erde vorzudringen, wo der Mittelpunkt des geistigen Wesens ist, zu dem die Pflanze gehört.

So sehen wir also, daß wir etwas außerordentlich Wichtiges haben in dem Grundsatz, daß wir immer zu dem Ganzen gehen müssen, daß wir bei einem jeden Wesen darauf sehen müssen, ob es Teil oder Ganzes ist. In der neueren Zeit sehen einige Naturforscher die Pflanzen wohl als beseelt an, aber sie sehen die einzelnen Pflanzen als beseelt an. Das ist nicht geistreicher, als wenn man einen Zahn einen Menschen nennen würde; das steht auf derselben geistigen Höhe. Und alles das, wovon gerade heute viele sagen: Das ist schon ganz Anthroposophie, denn die sehen die Pflanzen als beseelt an – das ist für die Zukunft nichts weiter als wissenschaftliche Makulatur. Denn in den Pflanzen einzelne individuelle Seelen suchen, das würde eben heißen: Ich reiße einem Menschen einen Zahn aus und suche darin die Menschenseele. Die Pflanzenseele haben wir nicht zu suchen in der einzelnen Pflanze, sondern so, daß sogar ihr Wichtigstes im Mittelpunkte der Erde ist, nach welchem die Wurzel als die nach dem geistigsten Teile des Pflanzendaseins strebende Kraft hinzielt.

Wenn Sie nun ein solches Reich ins Auge fassen, dann wird Ihnen vom Standpunkte der heutigen Naturanschauung allerdings schon etwas entgegentreten, was uns in einer gewissen Weise so weit an die Pforte der Wahrheit bringen kann, wie Mephistopheles den Faust ins Reich der Mütter bringt, nämlich just bis zum alleräußersten Tor, nicht hinein in das Reich der Mütter. Denn ebensowenig, wie Mephistopheles mit dem Faust in das Reich der Mütter herunter kann, ebensowenig kann die heutige Naturwissenschaft in das Geistige hinein. Aber wie in gewisser Weise der Mephistopheles den Schlüssel gibt, gibt die Naturwissenschaft schon auch den Schlüssel. Sie will nur nicht selber hinein, wie Mephistopheles selber auch nicht hinein will in das Reich der Mütter. Also in gewisser Weise gibt uns Naturwissenschaft heute Anhaltspunkte, die dann, wenn Sie das so erkennen, wie wir es charakterisiert haben in diesen Vorträgen, dieses Erkennen oftmals an die Pforte des Wahren bringen können.

So spricht die Naturwissenschaft der Gegenwart, indem sie sich von Darwin hat anregen lassen, bloß aus der Welt der Sinne einen wichtigen naturwissenschaftlichen Grundsatz abzuleiten, von dem sogenannten Kampf ums Dasein. Wer wollte diesen Kampf ums

Dasein nicht überall bemerken, wenn er nur das, was zunächst die äußere Sinneswelt darbietet, ins Auge faßt? Oh, dieser Kampf ums Dasein tritt uns ja überall entgegen! Wir brauchen nur zu beachten, wie, sagen wir, unzählige Keime von Meerestieren in das Meer oder an den Strand abgelegt werden, wie viele da zugrunde gehen und wie wenige zu wirklichen Tieren sich auswachsen, wie wenig Keime also wiederum Tiere werden und wie die anderen alle zugrunde gehen. Da schon beginnt sozusagen ein scheinbar furchtbarer Kampf ums Dasein, und man könnte nun anfangen zu lamentieren, wenn man bloß auf die Welt der Sinne hörte, und sagen: Von den Millionen und Abermillionen Keimen gehen im Kampf ums Dasein so viele zugrunde und nur wenige kommen fort. – Aber dies ist nur die eine Seite eines Gedankens. Denn fassen wir diesen Gedanken einmal an einem anderen Ende an. Gleichsam um Ihr Denken in eine gewisse Richtung zu bringen, möchte ich Sie ermahnen, den Gedanken am anderen Ende anzufassen. Sie können auch in der folgenden Weise lamentieren über den Kampf ums Dasein: Sie können Ihren Blick richten auf ein Getreidefeld, wo so und so viele Ähren mit so und so vielen Körnern stehen, und können sich jetzt fragen: Wieviel geht von diesen Körnern, die in den Getreideähren sind, in irgendeiner Weise für sein eigentliches Ziel verloren, und wie wenig davon wird wiederum in die Erde gesenkt, um Neues zu werden in demselben Sinne, wie es das Alte war? – Wir senden also unseren Blick über ein Ährenfeld hin, das in üppiger Fruchtbarkeit sproßt und sprießt, und sagen uns: Wieviel von dem, was da sproßt und sprießt, wird vergehen, ohne seinen Zweck erreicht zu haben, und nur weniges wird in die Erde gesenkt, so daß neue Pflanzen der gleichen Art entstehen. Es ist da also auch so, nur ein wenig auf einem anderen Gebiete, wie bei den Meerestieren, wo auch nur wenig Keime zur Entfaltung kommen.

Aber jetzt möchte ich Sie einmal fragen, was mit den Menschen, die etwas essen müssen, werden sollte, wenn alle Getreidekörner wiederum in die Erde gesenkt würden? Nehmen wir an, es könnte sein – theoretisch kann man ja alles annehmen –, daß so viel wächst, daß alle Getreidekörner wieder aufgehen könnten. Aber denken wir dann, was mit denjenigen Wesen geschehen würde, welche sich vom

Getreide ernähren müssen! Hier, sehen Sie, kommen wir an etwas sehr Merkwürdiges; hier kommen wir zu einer Erschütterung in bezug auf einen Glauben, der uns berechtigt erscheinen könnte, wenn wir die Welt der Sinne anschauen. Es könnte uns berechtigt erscheinen, wenn wir, sagen wir in bezug auf rein sinnliches Dasein ein Ährenfeld anschauen, daß ein jegliches Korn wieder eine ganze Pflanze werde. Aber der Gesichtspunkt ist vielleicht falsch. Vielleicht ist es im Gesamtzusammenhange der Welt gar nicht so, daß wir richtig denken, wenn wir einem jeglichen Samenkorn den Zweck zuschreiben, wiederum eine ganze Pflanze zu werden, sondern vielleicht ist es so, daß uns nichts berechtigt zu sagen, daß irgendwie diejenigen Körner ihren Weltenzweck verfehlt haben, welche anderen Wesen zur Nahrung dienen, ebensowenig, wie uns irgend etwas zwingt zu sagen, daß die Samen der Meeresfische ihren Zweck verfehlt haben, die nicht wiederum zu Fischen geworden sind. Es ist nämlich wirklich nur ein menschliches Vorurteil, daß ein jeglicher Same wiederum zu demselben Wesen werden solle. Denn die Aufgaben der Einzelwesen können wir nur ermessen, wenn wir wiederum den Blick auf das Ganze richten. Und wenn das, was alljährlich in millionenfacher Weise an Samen im Meere zugrunde geht, auch nicht zu Fischen wird, so dient es dafür anderen Wesenheiten, die der Mensch jetzt nur nicht überschaut, zur Nahrung, gibt sich anderen Wesenheiten hin. Und wahrhaftig, diejenigen geistigen Substanzen, die sich ins Dasein ringen in den scheinbar zugrunde gehenden Meeressamen, die lamentieren nicht, daß sie ihr Ziel nicht erreichen – um Nahrung zu sein für andere Wesen, aufgenommen zu werden von diesen anderen Wesen. Der Mensch, der ja mit seinem Verstande außen steht, der glaubt, daß nur alles das eine Bedeutung habe, was sozusagen zu dem Ziele hinstrebt, das er durch seine Sinne als das letzte Ziel ansehen muß. Ein vorurteilslos auf die Natur gerichteter Blick sieht in jedem Stadium eines jeden Wesens etwas Vollkommenes, und solche Vollkommenheit ruht nicht erst in dem, zu dem ein Wesen wird, sondern in dem, was es ist.

Das sind solche aus dem Okkultismus heraus gewonnene Gedanken, die in Ihnen angeschlagen werden müssen. Und wenn Sie jetzt von der Außenwelt zurückblicken auf die eigene Seele, dann werden Sie wahrnehmen, daß in dieser eigenen Seele eine Fülle von Gedanken ist, die fortwährend in diese Seele hereinströmen, fortwährend in dieser Seele aufleben, und wenige von diesen Gedanken nur werden klar gefaßt, wenige nur werden ein bewußter Teil der menschlichen Seele. Machen Sie irgendeinen Weg durch die Stadt und denken Sie daran, wie vieles da durch Ihre Sinne hereinfällt in Ihre Seele und wie wenig Sie es so beachten, daß es dann ein bleibender Bestandteil Ihres Seelenlebens wird. Sie nehmen fortwährend Eindrücke auf, und die Masse dieser Eindrücke, die Sie aufnehmen, verhält sich zu dem, was dann ein bleibender bewußter Besitz Ihrer Seele wird, geradeso, wie die große Menge der jährlich entstehenden Fischkeime im Meere sich zu dem verhält, was wirkliche, ausgewachsene Fische wird. Auch in Ihrem inneren Seelenleben müssen Sie auf dem Grund und Boden eines weiten Gebietes fortwährend die Prozedur ausführen, weniges nur zur Entfaltung kommen zu lassen. Und wenn der Mensch nur ein klein wenig dahinter kommt, aus welchem Flutenmeere von Phantasiegebilden und Vorstellungsgebilden er auftaucht, wenn er aus dem Schlafe auftaucht, wenn manchem Menschen noch der Traum eine letzte Spur zeigt von diesem ungeheuer reichen Leben, das der Mensch im Schlafzustande führt, dann kann er auch darauf kommen, daß es eine Bedeutung hat, wenn er so vieles in sich aufnimmt, was nicht zum deutlichen Bewußtsein kommt. Denn was zu einem deutlichen Bewußtsein kommt, das ist für die innere Arbeit des Menschen verloren, das arbeitet nicht mehr an dem System der Sinnesorgane, an dem System der Drüsenorgane, an dem System der Verdauung, an dem Nerven-, Muskel-, Knochensystem usw. Das, was in der Seele bewußt wird, was der heutige Mensch als bewußten inneren Seelengehalt in sich trägt, das arbeitet nicht mehr, das ist gerade dadurch charakterisiert, daß es losgerissen ist von dem Mutterboden des Gesamtmenschen und dadurch dem Menschen zum Bewusstsein kommt. Das, was sich verhält zu diesen bewußten Vorstellungen wie die vielen Samen zu den wenigen, die Fische werden, was da hereinkommt an ungeheuer vielen äußeren Eindrücken, aber nicht ins Bewußtsein hereinkommt, das arbeitet an dem Gesamtmenschen.

Es arbeitet also fortwährend an dem Gesamtmenschen dasjenige, was in seiner Umgebung ist. Sehen Sie, der Traum kann Sie manchmal auch darüber belehren, wie in der Tat nicht nur das in die Seele hereinzieht, was dann als bewußte Vorstellung fortlebt, sondern wie auch andere Eindrücke in die Seele hereinziehen. Sie brauchen nur zu achten auf solche Dinge, die sich tausendfach im Leben finden. Sie träumen irgendeine Situation: Sie stehen einem Menschen gegenüber, der mit einem anderen Menschen spricht. Sie stehen als Dritter da. Sie träumen ganz genau das Antlitz des betreffenden Menschen und so weiter. Sie sagen sich: Woher dieser Traum? Er macht so den Eindruck, als ob er sich mit Personen befaßte, die ich kenne im physischen Leben, er geht also auf den physischen Plan hinaus in seiner Anregung. Woher aber der Traum? Ich habe das nicht gehört, nicht gesehen. Und nun forschen Sie nach, und wenn Sie genau forschen, so können Sie finden, daß Sie vor ein paar Tagen doch den Menschen gegenübergestanden sind in einem Eisenbahnwagen, nur ist es damals unbewußt an Ihnen vorbeigegangen. Aber es lebt sich doch ein. Nur Ungenauigkeit in der Beobachtung macht es, daß die Menschen so etwas nicht wissen.

Nun sind allerdings solche Vorstellungen, die in dieser Weise der Traum uns vor Augen bringt, nicht die allerwichtigsten, die als Eindrücke auf die Seele wirken, sondern ganz andere. Denken Sie einmal daran, daß das, was Ihnen gestern vorgeführt worden ist, ja fortwährend geschehen ist in der Menschheitsentwicklung. Durch sein Knochensystem hat der Mensch fortwährend Imaginationen hervorgebracht, durch sein Muskelsystem fortwährend Inspirationen in die Welt geschickt, durch sein Nervensystem fortwährend Intuitionen. Das alles ist in der Welt. Das, was böse ist, muß der Mensch wiederum zurücknehmen und durch sein Schicksal abtragen. Aber das andere baut draußen auf und gestaltet, ist fortwährend in der Umgebung des Menschen da. Tatsächlich ist auch alles das, was, sagen wir, nur seit der atlantischen Katastrophe der Mensch an Imaginationen, an Inspirationen und Intuitionen in die Erdenwelt hinausgegeben hat, vorhanden und gehört zu unserer Umgebung. Das alles, insofern es ein Gutes war, was da die Menschen hervorgebracht haben, das brauchen die einzelnen Menschen nicht wieder in ihrem Karmaverlauf zurückzunehmen. Aber was sie so durch Jahrhunderte und Aberjahrhunderte in den aufeinanderfolgenden Epochen gleichsam hinausgesendet haben in die geistige Erdenatmosphäre, das ist wahrhaft für die Menschen, die jetzt weiterleben, ebenso vorhanden, wie die Luft für den physischen Menschen vorhanden ist. Wie der Mensch die physische Luft atmet, wie die Luft von seiner Umgebung in sein physisches Inneres dringt, so dringen in den Menschen herein die Dinge, die sich da entwickelt haben als Imaginationen, Inspirationen und Intuitionen, und der Mensch nimmt mit seinem Seelisch-Geistigen teil an alledem. Und nun ist das Wichtige, daß der Mensch nicht wesenlos dem gegenüberstehe, was er also in den früheren Epochen seines Erdendaseins der Erde selber mitgeteilt hat, daß er nicht unverwandt dem gegenüberstehen soll. Verwandt aber kann der Mensch nur werden dem, was er also als geistigen Inhalt der Erde einverleibt hat, wenn er sich allmählich die Fähigkeit erwirbt, in seine Seele diese Dinge hereinzunehmen.

Wie aber wird das gemacht? Sehen Sie, wenn man in den geistigen Sinn der Erdenentwicklung eindringt, dann zeigt sich, daß in den Zeiten, in denen die Menschen der nachatlantischen Zeit noch etwas von altem Hellsehen hatten, Imaginationen, Inspirationen und Intuitionen in einem ganz umfassenden Sinne der geistigen Erdatmosphäre mitgeteilt worden sind. Da war vorzugsweise die Zeit der Ausgabe von solchen spirituellen Substanzen. Seit der vierten nachatlantischen Periode, insbesondere aber von unserer Gegenwart an, kommen wir immer mehr und mehr dazu, weniger auszusenden, aber mehr darauf angewiesen zu sein, das Alte als ein uns Verwandtes aufzunehmen, das, was hinausgesendet worden ist, wiederum in uns hereinzunehmen. Das heißt, der Mensch ist angewiesen darauf, gleichsam einem früheren geistigen Ausatmungsprozeß einen geistigen Einatmungsprozeß entgegenzusetzen. Der Mensch muß immer empfindlicher und empfänglicher werden für das Geistige, das in der Welt vorhanden ist.

Die alten Zeiten hatten das noch nicht so notwendig, weil sie Geistiges aus ihrem Innern heraussetzen konnten, sie hatten einen

Reservefonds. Der ist aber seit der vierten nachatlantischen Kulturepoche so weit erschöpft, daß in der Zukunft nur immer das in gewisser Weise herausgesetzt werden kann, was zuerst eingeatmet, eingesogen wurde. Daß der Mensch in diese neue Mission seines Erdendaseins sich verständnisvoll hineinfinden könne, dazu ist ja gerade Anthroposophie oder Geisteswissenschaft da, welche den Menschen, die heute schon einen Zug zu ihr hin haben, wahrhaftig nicht aus dem Grunde gefällt, weil unter anderen Marotten eben auch diese geisteswissenschaftliche Marotte einmal in die Welt gekommen ist; sondern Geisteswissenschaft oder Anthroposophie hängt im Innersten zusammen mit der ganzen Erdenentwicklung, hängt damit zusammen, daß der Mensch darauf angewiesen ist, nach und nach Verständnis für das Geistige um sich herum zu entwickeln. Denn die Menschen, die von unserer jetzigen Zeit ab kein Verständnis entwickeln werden für den Geist hinter den Sinnen, für die geistige Welt hinter der Sinneswelt, sie werden denen gleichen, welche im physischen Leibe ihr Atmungssystem so verdorben haben, daß sie keine Luft bekommen können zum Atmen, daß sie an Atemnot leiden. Heute ist es noch so, weil ein gewisses Erbgut uralter menschlicher Weisheit in Begriffen geblieben ist, daß die Menschen von diesen alten Begriffen zehren. Wer aber mit geistigen Augen die Entwicklung der Menschheit in der letzten Zeit betrachtet, der wird wahrnehmen: Wieviel auch im äußeren Materiellen die Erfindungen und Entdeckungen sich häufen, geistiger Inhalt ist in einer gewissen Weise merkwürdig der Erschöpfung entgegengegangen. Neue Begriffe, neue Ideen, sie sprießen der Menschheit immer weniger. Nur diejenigen, welche die alten Ideen nicht kennen und immer das Alte gerade für sich wiederum entdecken, das heißt, die in gewisser Weise ihr ganzes Leben lang etwas unreif bleiben, nur die können glauben, daß jetzt neue Ideen als solche reifen können. Nein, die Welt der abstrakten Ideen, die Welt der Verstandesideen, sie hat sich erschöpft. Neue Ideen sprießen nicht mehr.

Bei Thales begann ein gewisses Entstehen der Verstandesideen für das abendländische Denken. Jetzt sind wir in gewisser Weise am Ende, und Philosophie ist als solche, als Ideenwissenschaft, am Ende.

Der Mensch muß sich erheben lernen zu dem, was jenseits der Ideen und Gedanken, die ja auch nur dem physischen Plane angehören, was jenseits dieser Welt der Ideen liegt. Zunächst wird er sich erheben zu den Imaginationen. Die werden wiederum etwas Reales für ihn werden. Dann wird eine neue Befruchtung eintreten für das Geistige der Menschheit. Daher erfließen uns in der Geisteswissenschaft Imaginationen für wichtige Weltenvorgänge. Sehen Sie sich an, wie sich die Beschreibung von Saturn, Sonne und Mond von anderen Dingen unterscheidet, wie sich diese verhält zu den abstrakten Begriffen der anderen Wissenschaft. Bildhaft muß man alles geben, so daß es in der äußeren sinnlichen Welt nicht unmittelbar realisierbar ist. Von dem alten Saturn sagen wir, daß er einen bloßen Wärmezustand hat. Das ist Unsinn für die heutige Welt der Sinne, denn eine bloße Wärmesubstanz gibt es nirgends für die Welt der Sinne. Was aber Unsinn ist für die Welt der Sinne, ist Wahrheit für die Welt des Geistes, und hinein sich zu leben in die Welt des Geistes ist das, was dem Menschen unmittelbar obliegt in die nächste Zukunft hinein. Denn diejenigen, die sich nicht entschließen werden, die Luft des Geistes zu atmen, für welche die Menschenseele durch Geisteswissenschaft, durch eine Wissenschaft, die über die der bloßen Sinne hinausgeht, empfänglich gemacht werden soll, diejenigen, die sich nicht empfänglich machen wollen für die geistige Wissenschaft, sie werden wirklich einem Zustande entgegengehen, den man in gewisser Weise für viele heute schon herankommen sieht: einer geistigen Atemnot und damit einer geistigen Erschöpfung, die dann weiterführt zu einer geistigen Auszehrung, zu einer geistigen Schwindsucht.

Das würde das Los der Menschen auf Erden sein, die nur bei der Sinneswelt verbleiben wollten, daß sie an geistiger Schwindsucht zugrunde gehen würden. So wird sich in der Zukunft die Kultur entwickeln, daß es Menschen geben wird voller Empfänglichkeit und Seelenhaftigkeit und Herz für die geistige Welt, für das, was zunächst als Geisteswissenschaft gegeben wird, für das, was dann ganz von selbst in den menschlichen Seelen entspringen wird als die Welt der Imagination, Inspiration und Intuition. So wird es sein mit dem einen Teil der Menschheit, daß er ein Verständnis und eine Hingabe haben wird für diese Welt des Geistes. Das werden diejenigen Menschen sein, welche die Aufgabe, die der Erde zunächst gesetzt ist, erfüllen werden. Andere Menschen werden vielleicht bleiben bei der Welt der Sinne, nicht vorrücken wollen über die Welt der Sinne und über das bloße Schattenbild der Sinneswelt, das in den philosophischen Begriffen, das in der äußeren Wissenschaft gegeben werden kann. Diese gehen entgegen geistiger Atemnot, geistiger Auszehrung, geistigem Siechtum, die vertrocknen innerhalb des Erdendaseins und erreichen nicht das, was der Erdenentwicklung als Ziel gestellt ist. Es muß aber die Entwicklung so geschehen, daß ein jeglicher die eigene Seele fragen muß: Welchen Weg wählst du? Gleichsam zur Linken und zur Rechten werden die Menschen stehen in der Zukunft – diejenigen, für die allein die Welt der Sinne Wahrheit sein wird, und diejenigen, für welche die Welt des Geistigen, des Spirituellen Wahrheit sein wird.

Da aber die Sinne, wie das Ohr des Menschen, dahinschwinden, da dem Menschen am Erdenende alle Erdensinne hingeschwunden sein werden, so können Sie jetzt eine Vorstellung davon bekommen, wie real jene Schwindsucht und Auszehrung zu verstehen ist. Verlassen wir uns auf die Welt der Sinne, so verlassen wir uns auf etwas, was den Menschen verläßt in der Zukunft der Erdenentwicklung. Dringen wir zur Welt des Geistes vor, so entwickeln wir uns zu dem, was immer mehr und mehr an den Menschen herankommen will in der Zukunft der Erdenentwicklung. Wenn wir ein Symbolum gebrauchen wollen, so können wir sagen: Der Mensch kann einmal dastehen am Ende der Erdenentwicklung und sprechen wie Faust, nachdem Faust äußerlich erblindet ist – denn er wird nicht nur dastehen, der Mensch, äußerlich erblindet, sondern äußerlich taub, äußerlich ohne Geschmack, äußerlich ohne Geruch – : doch im Innern leuchtet helles Licht, doch im Innern tönt herrlichstes Menschentönen und Menschenwort. So wird der Mensch sagen können, der sich der Welt des Geistes zuwendet. Aber der andere, der bei der Welt der Sinne stehen bleiben wollte, wäre ein solcher Faust, der, nachdem er äußerlich erblindet ist, sich sagen müßte: Blind bist du im Äußeren geworden, doch im Innern leuchtet kein geistiges Licht, Finsternis nimmt dich allein auf. Zwischen diesen zwei Faustnaturen hat die Menschheit in bezug auf die Erdenzukunft zu wählen. Denn der erste Faust hätte sich zugewendet der Welt des Geistes, der andere Faust aber hätte sich zugewendet der Welt der Sinne und wäre damit verwandt geworden, verwandt mit dem, was der Mensch empfinden muß als das Wesenlose, das ihm all sein Wesen raubt. So nimmt sich das, was wir aus okkulten Höhen herunterholen wollen, für das unmittelbare Leben des Menschen aus. Und ich denke, man kann sich ersparen, in Worte zu fassen, was an moralischen Grundsätzen, was an Willensantrieben aus einem wirklichen Verständnis der okkulten Wissenschaft für die Menschen der Gegenwart erwachsen kann. Denn aus der richtig verstandenen Weisheit wird die richtig verstandene Tugend in dem Menschenherzen schon geboren werden. Streben wir nach wirklichem Verständnis der Weltentwicklung, suchen wir nach Weisheit, und es wird nicht fehlen, daß das Kind der Weisheit die Liebe sein wird.

Das sollte in diesen Vorträgen auseinandergesetzt werden.

ANHANG

Theosophische Gesellschaft (Adyar)

Deutsche Sektion — Zweig Hannover.

HANNOVER, den 15. November 1911.

Liebe theosophischen Freunde!

Vom 26. Dezember 1911 bis zum 2. Januar 1912 wird Herr Dr. RUDOLF STEINER bei uns anwesend sein, während welcher Zeit die nachfolgenden Veranstaltungen stattfinden:

Am Dienstag, den 26. Dezember 1911 (2 Weihnachtstag) 8 Uhr abends

Weihnachtsfeier,

Vortrag des Herrn Dr. RUDOLF STEINER, in der Aula der neuen höheren Töchterschule I an der Langensalzastrasse.

Von Mittwoch, den 27. Dezember 1911 bis zum Montag, den 1. Januar 1912
8 Uhr abends

Vortrags-Zyklus

des Herrn Dr. RUDOLF STEINER über

„Die Welt der Sinne und die Welt des Geistes"

in der Aula der neuen höheren Töchterschule I an der Langensalzastrasse.

Am Dienstag, den 2. Januar 1912, 8½ Uhr abends

öffentlicher Vortrag

des Herrn Dr. RUDOLF STEINER über

„Das Wesen der Ewigkeit und die Natur der Menschenseele im Lichte der Geisteswissenschaft"

in der Aula der höheren Schulen am Georgsplatz,

und laden wir hierzu alle Mitglieder der Theosophischen Gesellschaft (Adyar) freundl. ein. In der Hoffnung, recht viele theosophische Mitglieder bei uns begrüssen zu können, zeichnet

mit theosophischem Gruss!

Der Vorstand
des Zweiges Hannover.

Die Teilnehmer an der Weihnachtsfeier und am Zyklus werden gebeten die Karten hierfür, zum Gesamtpreise von M 6.00, bis spätestens zum 5. Dezember d. J. bei Herrn WILH. EGGERS, HANNOVER, Vossstrasse 43, abfordern zu wollen. Karten zum öffentlichen Vortrage sind bei unseren Mitgliedern zu haben. — Wegen Besorgung einer Wohnung wolle man sich gefl. unter Angabe etwaiger Wünsche an Herrn L. ROSENTHAL, HANNOVER, Freytagstrasse 2, wenden.

Zu dieser Ausgabe

Entstehung

Die Vorträge wurden vor Mitgliedern der damaligen Theosophischen Gesellschaft zur Weihnachtszeit 1911 in Hannover gehalten. Rudolf Steiners Besuch in Hannover und das Programm der Vortragsveranstaltungen waren in den «Mitteilungen für die Mitglieder der deutschen Sektion der Theosophischen Gesellschaft», XII, November 1911 sowie durch ein Einladungsschreiben angekündigt worden (siehe Seite 122). Der Titel stammt von Rudolf Steiner. – Am 26. Dezember ging dem Vortragszyklus eine Weihnachtsfeier im Zweig voraus. Der Vortrag dieses Abends ist in dem Band «Die Mission der neuen Geistesoffenbarung. Das Christus-Ereignis als Mittelpunktsgeschehen der Erdenevolution», GA 127, abgedruckt unter dem Titel: «Die Geburt des Sonnengeistes als Erdengeist». Am 1. Januar 1912 sprach Rudolf Steiner in der Neujahrsfeier über das norwegische Traumlied von Olaf Åsteson, abgedruckt in «Der Zusammenhang des Menschen mit der elementarischen Welt», GA 158. Am 2. Januar schloß ein öffentlicher Vortrag die Veranstaltungen in Hannover ab: «Das Wesen der Ewigkeit und die Natur der Menschenseele im Lichte der Geisteswissenschaft», von dem es keine Mitschrift – nur einige Notizen – gibt.

Textgestalt

Textgrundlagen: Die vorliegenden Vorträge wurden von Georg Klenk mitstenographiert und nach seiner Übertragung in Klartext – das Originalstenogramm ist nicht mehr vorhanden – von Marie Steiner 1914 als Zyklen-Manuskriptdruck, 1933 in Buchform mit den Inhaltsangaben herausgegeben. Die dritte Auflage 1959 besorgte Dr. H.E. Lauer. Die vierte Auflage (1979) wurde von Caroline Wispler, die fünfte (1990) von Susi Lötscher durchgesehen.

Da die Vorträge zu einer Zeit gehalten wurden, in der Rudolf Steiner noch innerhalb der Theosophischen Gesellschaft wirkte, verwendete er – neben der Bezeichnung «Geisteswissenschaft» – meistens den Ausdruck «Theosophie». Auf Grund einer Angabe von ihm wurde das später bei der Veröffentlichung seiner früheren Vorträge in «Anthroposophie» umgeändert.

Der Titel des Bandes geht auf den gleichnamigen Vortragszyklus Rudolf Steiners zurück (siehe oben).

Die Zeichnungen, die Rudolf Steiner während der Vorträge an die Wandtafel zeichnete, haben sich nur in der Form erhalten, wie sie der Stenograph abzeichnete. Für die 3. Auflage wurden sie von Assja Turgenieff (1890–1966) in der von ihr entwickelten Strichführung neu gestaltet.

Hinweise zum Text

Werke Rudolf Steiners innerhalb der Gesamtausgabe (GA) werden in den Hinweisen mit der Bibliographie-Nummer angegeben. Siehe auch die Übersicht am Schluß des Bandes.

Zu Seite

10 *«Wie man Geisteswissenschaft widerlegt» ... « Wie man Geisteswissenschaft begründet»:* Über das betreffende Thema sprach Rudolf Steiner am 19. und 25. März 1911 in Prag (veröffentlicht in «Mensch und Welt», Blätter für Anthroposophie, 20. Jg., 1968, Nrn. 1–2 u. 3–4) und am 27. und 29. November 1911 in Stuttgart (unveröffentlicht). Siehe die Parallelvorträge vom 31. Oktober und 7. November 1912 in «Ergebnisse der Geistesforschung» (14 Vorträge, Berlin 1912/13), GA 62.

12 *Goethe hat einmal so wunderbar schön gesagt:* Es handelt sich wohl um die freie Wiedergabe einer Stelle aus Goethes «Winckelmann», Kapitel «Antikes» (Weimarer Ausgabe Band 46, S. 22): «Wenn die gesunde Natur des Menschen als ein Ganzes wirkt, wenn er sich in der Welt als einem großen, schönen, würdigen und werthen Ganzen fühlt, wenn das harmonische Behagen ihm ein reines freies Entzücken gewährt; dann würde das Weltall, wenn es sich selbst empfinden könnte, als an sein Ziel gelangt aufjauchzen und den Gipfel des eigenen Werdens und Wesens bewundern. Denn, wozu dient alle der Aufwand von Sonnen und Planeten und Monden, von Sternen und Milchstraßen, von Kometen und Nebelflecken, von gewordenen und werdenden Welten, wenn sich nicht zuletzt ein glücklicher Mensch unbewußt seines Daseins erfreut?»

«Vieles Gewaltige lebt, doch nichts ist gewaltiger als der Mensch!»: Chor aus der «Antigone» von Sophokles, Verse 332 f.

13 *Was sind alle Instrumente des Musikers. ...:* Vergleiche etwa die «Beilage» zu einem Brief Goethes an Zelter vom 22. Juni 1808: «... Dafür steht ja aber der Mensch so hoch, daß sich das sonst Undarstellbare in ihm darstellt. Was ist denn eine Saite und alle mechanische Teilung derselben gegen das Ohr des Musikers? ...» (auch aufgenommen unter «Sprüche in Prosa», in Goethe: «Naturwissenschaftliche Schriften», herausgegeben und kommentiert von Rudolf Steiner in Kürschners «Deutsche National-Litteratur», 5 Bde. 1884–97, Nachdruck Dornach 1975, GA 1a-e, Bd. 5, S. 351, und in Goethe: «Maximen und Reflexionen», Spruch 708.

19 *Laurenz Müllner,* geb. Juli 1848 in Groß-Grillowitz in Mähren, gest. 28. November 1911 in Meran. Dem Entwurf der mit Müllner befreundeten Dichterin Marie Eugenie delle Grazie für einen Nachruf (Manuskript) konnte C.S. Picht («Anthroposophie. Monatsschrift für freies Geistesleben», 1933, Buch 1) folgende anschauliche Sätze entnehmen: «Das große Interesse und die wohlmeinende Förderung, welche die Kardinäle Rauscher und Kutschker, sowie der angesehene Kirchenhistoriker Karl Werner seinem Streben entgegenbrachten, veranlaßten das Ministerium für Kultus und Unterricht, Müllner am 29. September 1880 mit der Abhaltung von Vorträgen über philosophisch-theologische Propädeutik an der theologischen Fakultät der Wiener Universität zu betrauen. 1883 erfolgte die Ernennung zum außerordentlichen Professor für christliche Philosophie. – Den Winter 1886/87 verbrachte Laurenz Müllner in Rom, wo er sich gegen eine wider seine ‹antikirchliche Philosophie› erhobene Denunziation zu verteidigen hatte. Leo XIII., großzügiger

und weitblickender als die Gegner Müllners, riet dem ‹deutschen Idealisten›, einige thomistische Kollegien zu besuchen und sich ‹des Übrigen Rom gut anzuschauen›! – Solchermaßen von dem Verdachte eines latenten Ketzertums gereinigt, kehrte Müllner heim und wurde 1887 zum ordentlichen Professor der christlichen Philosophie ernannt.» Vergleiche über Laurenz Müllner auch Rudolf Steiner: «Mein Lebensgang» (1923–25), GA 28, Kapitel VII, und «Vom Menschenrätsel. Ausgesprochenes und Unausgesprochenes im Denken, Schauen, Sinnen einer Reihe deutscher und österreichischer Persönlichkeiten» (1916), GA 20, S. 185 ff.

20 *Alles menschliche Nachforschen muß ausgehen von dem Staunen:* Vgl. Plato: «Theaetetos», 155 D: «... denn dies ist der Zustand eines der Weisheit in hohem Grade ergebenen Mannes (Philosophen), das Sich-wundern. Denn es gibt keinen anderen Anfang für die Liebe zur Weisheit (Philosophie) als diesen und es scheint der (Dichter), welcher die Iris für ein Kind des Thaumas erklärt hat, keine üble Geschlechtsableitung zu geben.» – Vgl. auch Aristoteles: «Metaphysik», 982b 12 f, (dt. von A. Lasson, Jena 1907, 1. Buch (A), Kap. 2, S. 10): «Wenn die Menschen jetzt, und wenn sie vor alters zu philosophieren begonnen haben, so bot den Antrieb dazu die Verwunderung, zuerst über die nächstliegenden Probleme, sodann im weiteren Fortgang so, daß man sich auch über die weiter zurückliegenden Probleme Bedenken machte, z.B. über die Mondphasen oder über den Lauf der Sonne und der Gestirne wie über die Entstehung des Weltalls.»

22 *die sieben Prinzipien des Menschen:* Von Rudolf Steiner sonst die menschlichen Wesensglieder genannt (physischer Leib, Ätherleib, Astralleib, Ich, Geistselbst, Lebensgeist, Geistesmensch).

24 *... die alten Gnostiker ... das Wort gebraucht haben ... ein Ektroma:* Gemeint ist u. a. der Gnostiker Valentinus, dem der mit Rudolf Steiner befreundete Eugen Heinrich Schmitt ein ausführliches Kapitel gewidmet hat in seinem Werk: «Die Gnosis. Grundlagen der Weltanschauung einer edleren Kultur», Bd. 1: «Die Gnosis des Altertums», Leipzig 1903.

26 *Daher hat Goethe auch den interessanten Ausspruch getan ...:* «Das Höchste wäre, zu begreifen, daß alles Faktische schon Theorie ist. ... Man suche nur nichts hinter den Phänomenen; sie selbst sind die Lehre», siehe: «Sprüche in Prosa» in Goethe: «Naturwissenschaftliche Schriften», herausgegeben und kommentiert von Rudolf Steiner in Kürschners «Deutsche National-Litteratur», 5 Bde. 1884–97, Nachdruck Dornach, GA 1a-e, Bd. 5, S. 376. Rudolf Steiner schreibt darüber in seiner «Einleitung» zu den Sprüchen in Prosa, ebenda, S. 339 ff. (Auch in Rudolf Steiner: «Einleitungen zu Goethes Naturwissenschaftlichen Schriften» (1884–97), GA 1, Kap. XVIII und in Goethe: «Maximen und Reflexionen», Spruch 575.)

28 *Nehmen wir einen Satz, zum Beispiel:* Immanuel Kant: «Kritik der reinen Vernunft» (1781), S. 514 f. (I. Transcendentale Elementarlehre, II. Teil, II. Abt., II. Buch, 2. Hauptst.: «Der Antinomie der reinen Vernunft fünfter Abschnitt: Skeptische Vorstellung der kosmologischen Fragen durch alle vier transcendentalen Ideen»), wörtlich: «Wenn ich demnach von einer kosmologischen Idee zum voraus einsehen könnte, daß, auf welche Seite des Unbedingten der regressiven Synthesis der Erscheinungen sie sich auch schlüge, sie doch für einen jeden *Verstandesbegriff* entweder *zu groß* oder *zu klein sein* würde, so würde ich begreifen, daß, da jene es doch nur mit einem Gegenstande der Erfahrung zu thun hat, welcher einem möglichen Verstandesbegriffe angemessen sein soll, sie ganz leer und ohne Bedeutung sein müsse, weil ihr der Gegenstand nicht anpaßt, ich mag ihn derselben bequemen, wie ich will. Und dieses ist wirklich der Fall mit allen Weltbegriffen, welche auch

eben um deswillen die Vernunft, so lange sie ihnen anhängt, in eine unvermeidliche Antinomie verwickeln. *Denn nehmt Erstlich an: die Welt habe*

29 *keinen Anfang,* so ist sie für euren Begriff *zu groß;* denn dieser, welcher in einem successiven Regressus besteht, kann die ganze verflossene Ewigkeit niemals erreichen. Setzt: sie *habe einen Anfang,* so ist sie wiederum für euren Verstandesbegriff in dem nothwendigen empirischen Regressus *zu klein.* Denn weil der Anfang noch immer eine Zeit, die vorhergeht, voraussetzt, so ist er noch nicht unbedingt, und das Gesetz des empirischen Gebrauchs des Verstandes legt es euch auf, noch nach einer höheren Zeitbedingung zu fragen, und die Welt ist also offenbar für dieses Gesetz zu klein. ... Also ist eine *begrenzte Welt* für euren Begriff *zu klein.*» Vergl. am gleichen Ort u. a. auch: «Der Antinomie der reinen Vernunft siebter Abschnitt: Kritische Entscheidung des kosmologischen Streits», S. 531 ff.

33 *Ein Mensch aber, der die Wirklichkeit sprechen läßt ...:* Vergleiche hierzu Vincenz Knauer: «Die Hauptprobleme der Philosophie in ihrer Entwicklung und teilweisen Lösung von Thales bis Robert Hamerling». Vorlesungen, gehalten an der K. K. Wiener Universität, Wien und Leipzig 1892, S. 136 f., 21. Vorlesung, 1. «Die Erkenntnisquellen»: «... *Der Wolf z. B. besteht aus keinen andern materiellen Bestandteilen als das Lamm; seine materielle Leiblichkeit baut sich aus assimiliertem Lammfleisch auf; aber der Wolf wird doch kein Lamm, auch wenn er zeitlebens nichts als Lämmer frißt. Was ihn also zum Wolf macht, das muß selbstverständlich etwas anderes sein, als die , die sinnfällige Materie, und zwar kein bloßes Gedankending muß und kann es sein, obwohl es nur dem Denken, nicht dem Sinne zugängig ist, sondern ein Wirkendes, also Wirkliches, ein sehr Reales.*»

36 *Arthur Schopenhauer,* 1788-1860, Philosoph. «Die Welt als Wille und Vorstellung», 3. Buch, § 52. «Schopenhauers sämtliche Werke», herausgegeben und eingeleitet von Rudolf Steiner, Stuttgart o.J., 3. Band, S. 105 ff., v.a. S. 108: «... Die Musik ist nämlich eine so *unmittelbare* Objektivation und Abbild des ganzen *Willens,* wie die Welt selbst es ist, ja wie die Ideen es sind, deren vervielfältigte Erscheinung die Welt der einzelnen Dinge ausmacht. Die Musik ist also keineswegs, gleich den anderen Künsten, das Abbild der Ideen; sondern *Abbild des Willens* selbst, dessen Objektivität auch die Ideen sind: deshalb eben ist die Wirkung der Musik so sehr viel mächtiger und eindringlicher, als die der anderen Künste: denn diese reden nur vom Schatten, sie aber vom Wesen ...»

38 *Die ganze Pflanze ist eigentlich ein verwandeltes Blatt:* Siehe Goethe: «Die Metamorphose der Pflanzen» in Goethe: «Naturwissenschaftliche Schriften», herausgegeben und kommentiert von Rudolf Steiner in Kürschners «Deutsche National-Litteratur», 5 Bde. 1884–97, Nachdruck Dornach 1975, GA 1a-e, Bd. 1, S. 17 ff. und Rudolf Steiners «Einleitung» im gleichen Band, S. XVII ff.

39 *wo der Kehlkopf ganz umgestaltet ist:* Siehe die weiteren Ausführungen dazu im 6. Vortrag dieses Bandes. Rudolf Steiner sprach darüber u. a. auch in den Zyklen «Die Theosophie des Rosenkreuzers» (14 Vorträge, München 1907), GA 99, Vortrag vom 5. Juni, und «Theosophie und Rosenkreuzertum» (14 Vorträge, Kassel 1907) in: «Menschheitsentwicklung und Christus-Erkenntnis» (22 Vorträge, Kassel und Basel 1907), GA 100, Vorträge vom 28. und 29. Juni.

43 *in der Schrift « Wie erlangt man . . . »:* Rudolf Steiner: «Wie erlangt man Erkenntnisse der höheren Welten?» (1904), GA 10.

48 *Eure Augen werden aufgetan werden ...:* 1. Moses, 3,5.

49 *Die Tätigkeit des Auges als solche sollte erfühlen:* Vergleiche zur Entwicklungs-

geschichte der 12 Sinne auch Rudolf Steiners Darstellung in: «Kosmische und menschliche Geschichte», Band 1: «Das Rätsel des Menschen. Die geistigen Hintergründe der menschlichen Geschichte» (15 Vorträge, Dornach 1916), GA 170, 14. Vortrag.

57 *aus dem Buche «Wie erlangt man ...»:* Siehe Hinweis zu S. 43.

58 *Dr. Carl Unger,* 1878–1929, Vorstandsmitglied der Anthroposophischen Gesellschaft und Schüler Rudolf Steiners. Siehe besonders: «Die Autonomie des philosophischen Bewußtseins» (1916–21) und «Die Grundlehren der Anthroposophie» (1910–11) in seinen «Schriften», Bd. 1, Stuttgart 1964.

60 *in meiner «Philosophie der Freiheit»:* Rudolf Steiner: «Die Philosophie der Freiheit. Grundzüge einer modernen Weltanschauung – Seelische Beobachtungsresultate nach naturwissenschaftlicher Methode» (1894), GA 4.

Ich habe in Karlsruhe darauf aufmerksam gemacht: Rudolf Steiner: «Von Jesus zu Christus» (11 Vorträge, Karlsruhe 1911), GA 131.

71 *die aufeinanderfolgenden Hierarchien:* Siehe Rudolf Steiner: «Die Geheimwissenschaft im Umriß» (1910), GA 13, Kapitel: «Die Weltentwicklung und der Mensch».

79 *Was Ihnen beschrieben ist in «Wie erlangt man ...»:* Siehe Hinweis zu S. 43.

93 *das Blut, das auch in dieser Beziehung ein «besonderer Saft» ist:* Den Satz «Blut ist ein ganz besondrer Saft» läßt Goethe den Mephistopheles sagen in «Faust», Teil 1, Studierzimmer, Vers 1740. Siehe auch Rudolf Steiners Vortrag vom 25. Oktober 1906: «Blut ist ein ganz besonderer Saft», Einzelausgabe Dornach, enthalten in: «Die Erkenntnis des Übersinnlichen in unserer Zeit und deren Bedeutung für das heutige Leben» (13 Vorträge, Berlin und Köln 1906/07), GA 55.

98 *daß ihm Faust mit seinem Blut ... unterschreibt:* Siehe Goethe: «Faust», 1. Teil, Studierzimmer, Verse 1737-1740.

99 *Münchener Zyklus von der Genesis:* Rudolf Steiner: «Die Geheimnisse der biblischen Schöpfungsgeschichte» (11 Vorträge, München 1910), GA 122.

106 *Zur Heilkraft der Metalle:* Siehe auch Rudolf Steiner: «Das Initiatenbewußtsein. Die wahren und die falschen Wege der geistigen Forschung» (11 Vorträge, Torquay 1924), GA 243.

110 *sehen einige Naturforscher die Pflanzen ... als beseelt an:* Siehe a. B. Gustav Theodor Fechner: «Nanna oder über das Seelenleben der Pflanzen» (Leipzig 1848). – Raoul Francé: «Das Sinnesleben der Pflanzen» (Stuttgart 1905).

wie Mephistopheles den Faust ins Reich der Mütter bringt: Siehe Goethe: «Faust», 2. Teil, 1. Akt, Finstere Galerie, Verse 6211 ff.

110 *Darwin ... – Kampf ums Dasein:* Charles Darwin, 1809-1882, engl. Naturforscher, Mediziner, Botaniker und Geologe. Siehe sein Hauptwerk: «On the Origin of Species by means of Natural Selection; or the Preservation of Favoured Races in the Struggle for Life», London 1859. Deutsch unter verschiedenen Titeln erschienen, z.B.: «Über die Entstehung der Arten im Tier- und Pflanzenreich durch natürliche Züchtung oder Erhaltung der vervollkommneten Rassen im Kampfe ums Dasein» (Stuttgart 1860).

115 *Zu dem früheren geistigen Ausatmungs- und jetzigen Einatmungsprozeß:* Siehe auch Rudolf Steiners Vortrag vom 13. Januar 1924 in: «Mysterienstätten des Mittelalters. Rosenkreuzertum und modernes Einweihungsprinzip. Das Osterfest als ein Stück

Mysteriengeschichte der Menschheit» (10 Vorträge, Dornach 1924), GA 233a.

116 *Thales,* um 625–545. Siehe auch Rudolf Steiner: «Die Rätsel der Philosophie in ihrer Geschichte als Umriß dargestellt» (1914), GA 18, Register.

118 *doch im Innern leuchtet helles Licht:* Siehe Goethe: «Faust», 2. Teil, 5. Akt, Mitternacht, Vers 11500.

Namenregister

Zahlen in Klammern: ohne Namensnennung

Bibliographischer Nachweis bisheriger Ausgaben

1. Auflage (Zyklus 20), Berlin 1914

2. Auflage (erste Buchausgabe), Dornach 1933

3. Auflage Gesamtausgabe, Dornach 1959

4. Auflage Gesamtausgabe, Dornach 1979

5. Auflage Gesamtausgabe, Dornach 1990

Zum Werk Rudolf Steiners

Rudolf Steiner (1861–1925), der zunächst als Philosoph, Publizist und Pädagoge tätig war, entfaltete ab Beginn des 20. Jahrhunderts eine umfassende kulturelle und soziale Aktivität und begründete eine moderne Wissenschaft des Geistes, die Anthroposophie. Sein umfangreiches Werk umfaßt Schriften und Abhandlungen, Aufzeichnungen und Briefe, künstlerische Entwürfe und Modelle sowie Textunterlagen von etlichen tausend Vorträgen in Form von Hörermitschriften.

Seit dem Tod von Marie Steiner-von Sivers (1867–1948), der Lebensgefährtin Rudolf Steiners, wird sein literarischer und künstlerischer Nachlaß durch die von ihr begründete *Rudolf Steiner Nachlassverwaltung* betreut. In dem dafür aufgebauten *Rudolf Steiner Archiv* wird seither an der Erhaltung, Erschließung und Herausgabe der vorhandenen Unterlagen gearbeitet. Die Buchausgaben erscheinen im *Rudolf Steiner Verlag*.

Schwerpunkt der Herausgabetätigkeit ist die seit 1955/56 erscheinende Rudolf Steiner Gesamtausgabe (GA, siehe nachfolgende Übersicht). Sie umfaßt inzwischen über 350 Bände und zusätzlich Veröffentlichungen aus dem künstlerischen Werk. Dazu kommen zahlreiche Einzel-, Sonder- und Taschenbuchausgaben und andere begleitende Veröffentlichungen. Die Ausgaben werden durch fachlich kompetente Herausgeber anhand der im Archiv vorhandenen Unterlagen ediert und durch Hinweise, Register usw. ergänzt. Vielfach werden bei Neuauflagen die Texte nochmals anhand der Quellen überprüft.

Noch liegt die Gesamtausgabe nicht vollständig vor; viele Archivunterlagen bedürfen zudem der editionsgerechten Aufbereitung. Dies ist mit einem hohen zeitlichen und finanziellen Aufwand verbunden, der durch den Absatz der Bücher nicht finanziert werden kann, sondern durch Unterstützungsbeiträge gedeckt werden muß. Dies gilt ebenso für die vielen anderen Arbeitsbereiche des Archivs, das keinerlei öffentliche Zuschüsse erhält. Damit das Archiv seine Aufgaben als Zentrum für die Erhaltung, Erschließung, Edition und Präsentation des Werkes von Rudolf Steiner auch in Zukunft erfüllen kann, wurde 1996 die *Internationale Fördergemeinschaft Rudolf Steiner Archiv* begründet.

Für weitere Informationen oder kostenlose Verzeichnisse wenden Sie sich bitte an:

Rudolf Steiner Verlag
St. Johanns-Vorstadt 19–21
CH–4056 Basel
verlag@steinerverlag.com

www.steinerverlag.com

Rudolf Steiner Archiv
Postfach 348
CH–4143 Dornach 1

www.rudolf-steiner.com

Rudolf Steiner Gesamtausgabe

Gliederung nach: Rudolf Steiner – Das literarische und künstlerische Werk. Eine bibliographische Übersicht (Bibliographie-Nrn. *kursiv* in Klammern)

A. SCHRIFTEN

I. Werke

Goethes Naturwissenschaftliche Schriften, eingeleitet und kommentiert von R. Steiner, 5 Bände, 1884–97, Nachdruck 1975, *(1a–e)*; sep. Ausgabe der Einleitungen, 1925 *(1)*

Grundlinien einer Erkenntnistheorie der Goetheschen Weltanschauung, 1886 *(2)*

Wahrheit und Wissenschaft. Vorspiel einer ‹Philosophie der Freiheit›, 1892 *(3)*

Die Philosophie der Freiheit. Grundzüge einer modernen Weltanschauung, 1894 *(4)*

Friedrich Nietzsche, ein Kämpfer gegen seine Zeit, 1895 *(5)*

Goethes Weltanschauung, 1897 *(6)*

Die Mystik im Aufgange des neuzeitlichen Geisteslebens und ihr Verhältnis zur modernen Weltanschauung, 1901 *(7)*

Das Christentum als mystische Tatsache und die Mysterien des Altertums, 1902 *(8)*

Theosophie. Einführung in übersinnliche Welterkenntnis und Menschenbestimmung, 1904 *(9)*

Wie erlangt man Erkenntnisse der höheren Welten? 1904/05 *(10)*

Aus der Akasha-Chronik, 1904–08 *(11)*

Die Stufen der höheren Erkenntnis, 1905–08 *(12)*

Die Geheimwissenschaft im Umriß, 1910 *(13)*

Vier Mysteriendramen: Die Pforte der Einweihung – Die Prüfung der Seele – Der Hüter der Schwelle – Der Seelen Erwachen, 1910–13 *(14)*

Die geistige Führung des Menschen und der Menschheit, 1911 *(15)*

Anthroposophischer Seelenkalender, 1912 *(in 40)*

Ein Weg zur Selbsterkenntnis des Menschen, 1912 *(16)*

Die Schwelle der geistigen Welt, 1913 *(17)*

Die Rätsel der Philosophie in ihrer Geschichte als Umriß dargestellt, 1914 *(18)*

Vom Menschenrätsel, 1916 *(20)*

Von Seelenrätseln, 1917 *(21)*

Goethes Geistesart in ihrer Offenbarung durch seinen Faust und durch das Märchen von der Schlange und der Lilie, 1918 *(22)*

Die Kernpunkte der sozialen Frage in den Lebensnotwendigkeiten der Gegenwart und Zukunft, 1919 *(23)*

Aufsätze über d. Dreigliederung des sozialen Organismus u. zur Zeitlage, 1915–21 *(24)*

Drei Schritte der Anthroposophie: Philosophie, Kosmologie, Religion 1922 *(25)*

Anthroposophische Leitsätze, 1924/25 *(26)*

Grundlegendes für eine Erweiterung der Heilkunst nach geisteswissenschaftlichen Erkenntnissen, 1925. Von Dr. R. Steiner und Dr. I. Wegman *(27)*

Mein Lebensgang, 1923–25 *(28)*

II. Gesammelte Aufsätze

Aufsätze zur Dramaturgie, 1889–1901 *(29)* – Methodische Grundlagen der Anthroposophie, 1884–1901 *(30)* – Aufsätze zur Kultur- und Zeitgeschichte, 1887–1901 *(31)* – Aufsätze zur Literatur, 1886–1902 *(32)* – Biographien und biographische Skizzen, 1894–1905 *(33)* – Aufsätze aus «Lucifer-Gnosis», 1903–1908 *(34)* – Philosophie und Anthroposophie, 1904–1918 *(35)* – Aufsätze aus «Das Goetheanum», 1921–1925 *(36)*

III. Veröffentlichungen aus dem Nachlaß

Briefe – Wahrspruchworte – Bühnenbearbeitungen – Entwürfe zu den vier Mysteriendramen, 1910–1913 – Anthroposophie. Ein Fragment – Gesammelte Skizzen und Fragmente – Aus Notizbüchern und -blättern *(38–47)*

B. DAS VORTRAGSWERK

I. Öffentliche Vorträge

Die Berliner öffentlichen Vortragsreihen, 1903/04 bis 1917/18 *(51–67)* – Öffentliche Vorträge, Vortragsreihen und Hochschulkurse an anderen Orten Europas, 1906–1924 *(68–84)*

II. Vorträge vor Mitgliedern der Anthroposophischen Gesellschaft

Vorträge und Vortragszyklen allgemein-anthroposophischen Inhalts – Christologie und Evangelien-Betrachtungen – Geisteswissenschaftliche Menschenkunde – Kosmische und menschliche Geschichte – Die geistigen Hintergründe der sozialen Frage – Der Mensch in seinem Zusammenhang mit dem Kosmos – Karma-Betrachtungen *(88–244)*
Vorträge und Schriften zur Geschichte der anthroposophischen Bewegung und der Anthroposophischen Gesellschaft – Veröffentlichungen zur Geschichte und aus den Inhalten der esoterischen Lehrtätigkeit *(250–270)*

III. Vorträge und Kurse zu einzelnen Lebensgebieten

Vorträge über Kunst: Allgemein-Künstlerisches – Eurythmie – Sprachgestaltung und Dramatische Kunst – Musik – Bildende Künste – Kunstgeschichte – *(271–292)* – Vorträge über Erziehung *(293–311)* – Vorträge über Medizin *(312–319)* – Vorträge über Naturwissenschaft *(320–327)* – Vorträge über das soziale Leben und die Dreigliederung des sozialen Organismus *(328–341)* – Vorträge und Kurse über christlich-religiöses Wirken *(342–346)* – Vorträge für die Arbeiter am Goetheanumbau *(347–354)*

C. DAS KÜNSTLERISCHE WERK

Originalgetreue Wiedergaben von malerischen und graphischen Entwürfen und Skizzen Rudolf Steiners in Kunstmappen oder als Einzelblätter. Entwürfe für die Malerei des Ersten Goetheanum – Schulungsskizzen für Maler – Programmbilder für Eurythmie-Aufführungen – Eurythmieformen – Entwürfe zu den Eurythmiefiguren – Wandtafelzeichnungen zum Vortragswerk, u.a.

Die Bände der Rudolf Steiner Gesamtausgabe sind innerhalb einzelner Gruppen einheitlich ausgestattet. Jeder Band ist einzeln erhältlich.